ASS! of BIKE

ASS! of BIKE

ASS! of BIKE
1., komplett überarbeitete Neuauflage

Text: Anne Atsusa
Bild: Rhyfu
Satz und Gestaltung: Anne Faltin, flyerdevil GmbH
Fanarts: Lumary, Sellery-Attack
ISBN 978-3-903282-01-8

Tour 0:
Olav Olsen

Bananen schmeckten am besten, wenn sie gelb waren. Nicht grün oder braun oder tief-gelb, sondern gerade erst gelb geworden, sodass man einen Widerstand verspürte, wenn man seine Zähne in ihnen versank und sie mit den Lippen umschloss.
Bananen, das wusste Olav, waren besser als große Melonen oder knackige Äpfel, an denen man sich die Zähne ausbiss und die einem Bauchschmerzen bereiteten. Am besten waren Bananen im Rahmen eines ausgewogenen Frühstücks, bei dem auch Eier nicht fehlen durften.
Und mit einem ausgewogenen Frühstück war keinesfalls etwas Anrüchiges gemeint, sondern lediglich ein ganzer Tisch voller Brötchen, Speck, Waffeln, Smoothies und Nudeln, die alle innerhalb kürzester Zeit den Weg in seinen Bauch finden mussten, bevor es anschließend noch zwei Tassen Kaffee, Obst und mehrere Proteinriegel gab.
Denn Olav war nämlich etwas speziell... Olav war Radrennfahrer. Und nicht nur irgendeiner. Spätestens seit seinem spektakulären Ausscheiden bei der Tour de France im letzten Sommer erinnerte sich jeder, der nur irgendwie Profi-Radsport in den Medien verfolgte, an Olavs Namen.
Olav, die große Hoffnung aus Dänemark. Olav, der Sprint-Star der Viking Spades. Olav, der Allrounder, der selbst den höchsten Gipfel bezwingen kann, ohne auch nur das Gesicht zu verziehen. Ein abgeklärter Stratege – und dabei doch ein bodenständiger junger Mann, der in einem Dorf an der deutschen Grenze geboren wurde und nichts mehr liebte als die Zimtschnecken seiner Mutter.
Zumindest stand das so in den Zeitungen und auf den Social-Media-Kanälen im Internet. Was aber keiner wusste: in

Olavs Leben gab es etwas, das er noch mehr liebte als Zimtschnecken. Etwas viel Köstlicheres, dessen Anblick ihn in schiere Verzückung brachte und das der eigentliche Grund war, warum er sich seit Jahren immer wieder zu Höchstleistungen im Radsport abmühte:

Männerhintern.

Durchtrainierte Gesäße, die sich aus dem Fahrradsattel erheben, um den letzten Saft aus ihren wie wild in die Pedale tretenden Besitzern herauszupressen, während diese tief schnaubend um jeden Zentimeter kämpfen, der sie von ihren Rivalen absetzt. Schweiß rinnt den Radsportlern über ihre hochroten Gesichter und tropft ihnen vom Kinn. Und dann, der Siegesjubel bei der Zieleinfahrt, ein Chor aus tausend Stimmen, der all die Anstrengung wegbläst und jeden Fahrer in einen post-koitalen Zustand tiefer Befriedigung versetzt.
Ja, Radsport war Sex pur.
Wenn man einmal davon absah, dass man nach hunderten von Kilometern im Sattel so einen wunden Arsch hatte, dass man eh keinen Sex mehr haben konnte. Und nein, das Gerücht, dass alle Radsportler impotent waren, konnte Olav so nicht bestätigen.
Zumindest bei ihn schien alles in Ordnung zu sein. Sein kleiner Freund hatte ihn während der Erholungsphase nach einem Rennen noch nie im Stich gelassen. Besonders im letzten Sommer, als er lange Zeit aussetzen musste. Dummerweise hatte er sich nämlich bei einem Massensturz eine Gehirnerschütterung und einen Trümmerbruch im rechten

Ellenbogen zugezogen und konnte für ein paar Monate nur die linke Hand benutzen.
So unvollständig wie sein Sexleben war in dieser Zeit auch Olavs mentaler Zustand. Er konnte sich daran erinnern, wie er in der Normandie gegen den Fahrtwind gekämpft hatte und dennoch als einer der Ersten über die Ziellinie geradelt war. Wie er auch die erste Mittelgebirgsetappe mit seinen Freunden Haakon und Morten überstanden hatte, die wie er seit mehreren Jahren bei Team Viking Spades unter Vertrag standen.
Doch alles, was über die groben Umstände der letzten Tour de France hinausging, war so dumpf wie der Kopfschmerz, der hin und wieder hinter seiner linken Schläfe pochte. Er konnte nicht sagen, was er abends nach den Rennen gemacht hatte, welches Interview er wann mit welchem TV-Sender geführt hatte – und vor allem: was an jenem Tag des Unfalls passiert war.
Sooft hatte Haakon es ihm erklärt: es war die Königsetappe, die in den Pyrenäen stattfand. Zuerst war es heiß, brütend heiß. Schwitzend quälten sich die Viking Spades in der Masse der Radsportler, dem Peloton, einen Anstieg nach dem anderen hinauf. Morten und Ebbe, das in den Medien gefeierte Kletterer-Duo, hatte sich ans Ausreißen gemacht, um als erste den Gipfelpunkt einzunehmen.
Dann fing es plötzlich an zu hageln. Aus dem Sommerwetter wurde mit einem Mal ein finsterer Hagelsturm. Die Straße schwamm fast schon davon. Regentropfen auf den Schutzbrillen versperrten die Sicht und krochen in die dünnen Trikotjacken und Radlerhosen. Hagelkörner wie Nadelstiche nahmen selbst den noch so hartgesottenen

Zuschauern die Lust an der Etappe und selbst die Kameramänner auf ihren Motorrädern und Begleitfahrzeugen machten einen Gesichtsausdruck, als hätten sie lieber ein langweiliges Billard-Turnier gefilmt, als klatschnasse Männer in engen Klamotten.
Und dann… Dann geriet alles ins Rutschen. Bremsen quietschten. Das erste Rennrad schlitterte in eine gefährliche Seitenlage. Der Hintermann bremste ruckartig und kam ebenfalls ins Schlingern. Dann krachte es. Mann und Rad flogen durch die Luft und eine unaufhaltsame Kettenreaktion begann. Weltuntergang auf Fahrrädern.
Wer Glück hatte, der konnte noch nach links ausweichen, wer Pech hatte, rauschte beim Ausweichen mit einem weiteren Radfahrer zusammen. Und Olav, der seinen Kopf stets unten gehabt haben sollte, erfuhr zum ersten Mal seit der Grundschule, wie es sich anfühlte kopfüber über den Lenker zu fliegen.
Zumindest sagte Haakon das so, während Olav sich nur verwundert durch das brünette Haar fahren und die Stirn kräuseln konnte, in der Hoffnung, dass dadurch seinem Gedächtnis wieder auf die Sprünge geholfen wurde.
Doch nichts regte sich. Die Fotos in den Sport-Magazinen blieben für ihn ohne Sinn und Zusammenhang und wann immer man ihn im Fernsehen danach fragte, konnte er nur die vorgefertigte Antwort geben, zu der ihm der Pressesprecher des Teams geraten hatte: „Der Wetterumschwung hat uns alle überrascht und mein Unfall war wirklich tragisch. Aber zum Glück habe ich mich wieder vollständig erholt und werde für die Viking Spades weiterhin mein Bestes geben!“

Wenn man doch nur alles so leicht loswerden könnte, wie neugierige Reporter! Nagende Gedanken zum Beispiel. Immer wiederkehrende Bilder, die ihn verfolgten. Seltsame Gefühle, die Olav des Nachts den Schlaf raubten.

Etwas in ihm sprach zu ihm: „Du hast etwas Wichtiges vergessen! Etwas sehr Wichtiges! Du hast mich vergessen!"

Darauf tauchte immer wieder ein Bild in seinem Kopf auf: ein Hintern. Ein wohlgeformtes Gesäß, welches sich aus dem Sattel erhob und mit atemberaubender Geschwindigkeit davontänzelte. Olav wusste, dass er nicht nur einmal, sondern viele Male diesem Hinterteil hinterhergejagt war. Es hatte sich wie ein Stempel in seinem Inneren eingebrannt.

Jedes Mal, wenn er in der Reha-Klinik wieder nur seine linke Hand benutzen konnte, war dieses Bild wieder da.

Wie sollte ein Olav Olsen das nur beschreiben, wenn man ihn danach fragte? „Liebe Talkshow-Zuschauer. Ich glaube, an der letzten Tour de France war doch nicht alles so schlecht. Ich denke nämlich, dass ich mich verliebt habe. Irgendwie…"

Genau, Olav Olsen war nichts weiter als ein triebgesteuerter Profi-Radsportler, der sich in einen seiner Kollegen verliebt hatte.

Genau das wollten die Medien doch hören!

Mit Sicherheit nicht!

Die Medien wollten Ergebnisse. Etappensiege. Nette Geschichten von Zimtschnecken und den Bauern im Dorf, die sich extra zum Public-Viewing trafen, wann immer sich Olav, ihr Held, in den Sattel schwang.

Olav hatte erbittert gekämpft und geackert. Monatelang

alles getan, um körperlich nicht abzubauen, während sein rechter Arm heilen musste. Und das Einzige, was ihn davon abgehalten hatte, in der langen Zeit nicht wahnsinnig zu werden, war er: dieser eine Hintern.

Dieser eine, der nur einer von Vieren sein konnte. Vier Sprinter, die wie er verbissen um jeden Zentimeter gekämpft hatten.

Am Ende stand die Schlagzeile „Olav, unser Zimtschnecken-Held!" auf Seite Eins aller Tageszeitungen und zeigten ihn im Freudentaumel, während die vier anderen Sprinter die Köpfe zu Tode erschöpft gesenkt hatten.

Er wusste, wie sie hießen und wie er sie hätte erreichen können. Aber mal ehrlich, welcher Mann würde auf ein „Hallo, darf ich mal deinen Arsch sehen, damit ich weiß, ob ich auf dich stehe?" denn mit „Ja, klar! Geht es so oder soll ich dabei Rad fahren?" antworten.

...

Mit Sicherheit niemand.

Olav musste schmunzeln und zupfte am Klettverschluss seiner Handschuhe. Die ganze Geschichte war einfach zu absurd. Doch es war egal, was die anderen dachten. Ihm jedenfalls hatten die Vier dabei geholfen, wieder fit zu werden.

Nobuhiko Honda von den Japanese Jokers.
Peng Li von den Diamond Dragons.
Kim Lutz-Park von den Helvetia Hearts.
Punyaa Boonmee von den ShamroClovers.

Allesamt Profi-Radfahrer wie er, die unterschiedlicher nicht sein konnten, aber eine Gemeinsamkeit hatten: sie waren Asiaten.

Welche Sprache bevorzugten sie? Konnte er Englisch mit ihnen reden? Und wie war das mit der Durchschnittsgröße? Waren Europäer wirklich größer?

Wie gerne wollte er es herausfinden, aber diese Frage zu stellen war nochmal um Längen, wirklich um Längen, absurder als die nach dem Hintern!

Also blieb ihm nur seine linke Hand und ein Kopf voller Fragen…

PLATSCH!

Ein Schwall Wasser traf Olav so hart wie der Hagelsturm in den Pyrenäen.

„Hey!"

Plötzlich war er wieder wach und in der Realität angekommen.

Morten, der einen gepflegten Vollbart trug und unter buschigen schwarzbraunen Augenbrauen kindlich aufgeweckt dreinblickte, grinste breit und drückte ein weiteres Mal auf die Sportflasche. „Chef, ich glaube Olav hat schon wieder unkeusche Gedanken!"

Während Haakon, seines Zeichens norwegischer Hüne und Anführer der Viking Spades, sich räusperte, sprang Olav auf und schnappte nach der Wasserflasche. „Jetzt gib schon her!"

Morten schnalzte mit der Zunge und versteckte sich hinter seiner Frau, die sich gerade die ölverschmierten Hände mit einem alten Putzlappen abwischte. „Hilfe, Märtha, Olav bedroht mich schon wieder!" Er lachte schallend.

Haakon räusperte sich ein zweites Mal, diesmal laut genug, um die volle Aufmerksamkeit des Teams zu erhalten. Olav griff nach einem Handtuch und rubbelte sich das störrische braune Haar trocken.
„Ihr wisst, dass ich nicht so der Fan von großen Ansprachen bin. Deswegen lasst es mich so sagen." Er verschränkte die kräftigen Unterarme, nahm einen tiefen Atemzug und sah den versammelten Viking Spades tief in die Augen. „Die Kacke ist so richtig am Dampfen!"
Selbst Morten verging angesichts Haakons autoritärer Ausstrahlung das Lachen und er senkte betrübt die Flasche. Er wusste ganz genau, was der blonde Wikinger ihnen jetzt sagen würde.
„Unser Team ist finanziell gesehen echt am Ende. Ihr wisst, ich will euch das nicht sagen, aber wenn wir bei dieser Tour de France nicht ein respektables Ergebnis einfahren, dann war's das." Er schlug mit der Faust auf die Handfläche. „Aus, Ende, Finito! Wir können alle nach Hause fahren und uns einen neuen Job als Straßenkehrer oder Dschungelcamp-Insasse suchen, wenn sich hier nicht endlich was tut."
Olav senkte den Blick und vergrub seine Finger tief im Handtuch. Er hatte das Gefühl, dass er an allem schuld war. Er, Olav Olsen, Sprint-Ass der Viking Spades, der einfach mal monatelang aussetzen musste, weil er verletzt war.
Haakon knurrte gereizt. „Nein, Olav, dich trifft keine Schuld!" Sein Blick aus wasserblauen Augen schien ihn zu durchbohren. „Du hast deine Auszeit gebraucht, also hör auf, dir einen Kopf zu machen, Junge!"
Er klopfte Olav kollegial auf die Schulter. „Die meisten Sponsoren sind jetzt zwar weg, aber deswegen sind wir

trotzdem noch ein ausgezeichnetes Team, das einen UCI-Kontinentallisten-Platz hat. Und den geben wir nicht so leicht wieder her!“

Olav blickte verunsichert in die Runde. Doch anstatt in frustrierte Gesichter zu blicken, lächelten sie ihn alle an. Morten, dessen Frau Märtha als Technikerin mitgekommen war, Ebbe, ein begnadeter Kletterer, der auch beim Trinken die höchsten Rekorde aufstellen konnte, der finnische Frischling Matti mit der sympathischen Zahnlücke, sowie all die anderen wichtigen und unwichtigen Helfer, die in den letzten Monaten noch nicht das Handtuch geworfen hatten.

„Ich, äh…“ *Mist, jetzt fing er schon wieder an rot zu werden und zu stottern!* Für einen Sprinter war Olav eigentlich viel zu unscheinbar, auch wenn ihn die Medien zu einem Helden machten.

Er schluckte kurz, dann sprach er weiter. „Ich werde eure Erwartungen nicht enttäuschen!“ Sein Blick wurde fest und zuversichtlich. „Ich habe mich solange auf die Tour de France vorbereitet, dass ich diesmal garantiert den Eiffelturm sehen werde!“

Schallendes Gelächter brach aus.

Olavs Ohren verfärbten sich rot.

Morten sprang auf und knuffte ihn kollegial. „Unser Olav! Immer viel zu bescheiden! Du wirst nicht nur den Eiffelturm sehen, sondern dieses Jahr als Erster über die Ziellinie an der Champs-Élysées brettern!“

Ebbe, den Olav schon aus dem Jugend-Sport-Förderzentrum kannte, hakte sich auf der anderen Seite ein. „Wir ziehen dich über jeden noch so hohen Berg und dann

schnappst du dir das Gelbe Trikot!“ Olav wurde hin und her gerüttelt. Er wollte am liebsten heulen. Vor Freude.
„Warum habt ihr nur alle so großes Vertrauen in mich?“
Haakon hob den Daumen: „Weil du der Zimtschnecken-Held bist! Und jetzt raus hier, gleich fängt die Teamvorstellung des Tages auf der großen Tribüne an!“
Zimtschnecken-Held? Bodenständig, süß, braun und klebrig? Wie auch immer.
Olav fuhr sich noch einmal kurz durch die Haare und schmiss anschließend das Handtuch auf einen der vorderen Sitze, bevor er den Teambus verließ. Beim Herausgehen fiel sein Blick noch einmal auf das Magazin auf der Ablage, welches die letzten Monate seine Hoffnung und Rettung zugleich war: Olav und die vier anderen Sprinter. Nicht mehr lange und er würde sie alle wiedersehen.
Und wer wusste das schon…
Vielleicht hielt die diesjährige Tour de France die eine oder andere Überraschung für ihn parat – nicht nur sportlich.

VIKING SPADES
VIKING SPADES
VIKING SPADES
VIKING SPADES
VIKING SPADES
Tour 1:
Wer ist dieser
Max Mustermann?!

Eine Wand aus Hitze schlug ihm entgegen, als Olav und seine Viking Spades den Teambus verließen. Es war noch früh am Morgen, doch der deutsche Sommer zeigte, dass auch er hin und wieder etwas freundlicher war als seine Landsleute.
Nichtsdestotrotz wurde Olav schlecht. Düsseldorf, der Ort, an dem die diesjährige Tour de France beginnen würde, stank. Stank wie jede Großstadt nach Abgasen und Unrat, auch wenn der Verkehr für den Start der Tour großräumig abgeriegelt wurde und die Müllabfuhr die Straßen fast schon abgeleckt haben musste.
Sofort klickten die Kameras. Fernsehteams aus aller Herren Länder hatten sich vor der Absperrung versammelt, um eine gute Aufnahme der Radsport-Stars zu erhaschen. Olav nahm eine schutzsuchende Position hinter Haakon ein, doch es war zu spät. Ein blaues Mikrofon an einer Teleskopstange landete direkt vor seiner Nase.
Das deutsche Fernsehen. „Wie geht es einem Olav Olsen so kurz vor seinem großen Comeback? Sind Sie schon nervös?"
Ah, Deutsch! „Es ist, äh, gut." Er war etwas eingerostet und suchte nach Worten. „Düsseldorf ist eine sehr schöne Stadt. Ich, äh, freue mich, freue mich sehr heute hier sein zu dürfen!"
Den Medien immer sagen, was sie hören wollten. Ein freundliches Lächeln stahl sich in sein Gesicht.
„Na das hört man gerne! Was sind Ihre Ziele für das heutige Zeitfahren? Werden Sie gegen Max Mustermann gewinnen? Der hat Sie ja letztes Jahr ganz schön alt aussehen lassen."
Max wer?

Olav begann herumzudrucksen. Haakons Augenbrauen zuckten und er machte eine rasche Bewegung mit den Händen, welche wohl ein rasches Treten in die Pedale bedeuten sollte.
„Ja, Max Mustermann ist wirklich ein ausgezeichneter Sprinter und Rivale!" Die Miene des Fernsehmenschen hellte sich auf. „Also werden Sie ihn schlagen?"
Haakon legte unauffällig den Kopf in die Seite. Olav verstand und dichtete sich augenblicklich die passende Antwort zusammen. „Max Mustermann ist als Top-Sprinter eine Klasse für sich. Ich denke, im heutigen Zeitfahren wird der deutsche Star die Nase vorn haben. Aber wenn es morgen nach Lüttich geht, werde ich ihm schon zeigen, wo der Hammer hängt!"
Olav war selbst überrascht, wie gut es ihm immer gelang, solche perfekten Antworten zu geben. Dieses ganze selbstbewusste Getue war eigentlich so gar nicht seins. Er wollte einfach nur in die Pedale treten, seine Grenzen austesten und dabei den einen oder anderen Hintern anstarren.
„Max Mustermann hat selbst angekündigt, dass seinen Namen nach der diesjährigen Tour de France jedes Kind in Deutschland kennen wird. Aber ich bin mir sicher, dass auch ein Olav Olsen dieses Jahr Großes erreichen wird."
Olav bedankte sich förmlich.
„Liebe Zuschauer, wir können gespannt sein. Vielen Dank für das Interview. Das war Olav Olsen von den skandinavischen Viking Spades, der…"
Den Rest hörte er schon nicht mehr. Seine Hände waren schweißnass geworden. Nervös nestelte Olav an seinem Reißverschluss und zupfte sein Trikot glatt.

Matti gab ihm einen Stoß in die Rippen. „Sieht schon ganz gut so aus, unser Star!“ Als er lächelte, kam die kleine Spalte zwischen seinen Schneidezähnen zum Vorschein. Dieser Zahnlücke hatte es der 19-jährige hellblonde Finne zu verdanken, dass er bereits jetzt auf den Titelblättern zahlreicher Teenager-Magazine abgebildet war und täglich säckeweise Fanpost von verliebten Mädchen bekam.

Olav kräuselte die Stirn und schüttelte den Kopf. „Ich mag das eigentlich gar nicht, also tu mir bitte den Gefallen und fahre heute einen neuen Rekord für unser Team heraus, junger Padawan.“ – „Damit ich in Zukunft interviewt werde? Tut mir ja leid, Brauner, aber für die deutschen Fernsehteams musst weiterhin du dein hübsches Gesicht hinhalten, ich kann nur Englisch.“ Er lachte.

Sie nahmen ihre Fahrräder von den Teamhelfern in Empfang und machten sich auf den Weg zur Bühne. Wie jedes Jahr wurden vor dem großen Start alle Teams und Fahrer noch einmal dem örtlichen dem Publikum vorgestellt. Es war noch mehr Show, noch mehr Lächeln und noch mehr Winken.

Olav freute sich schon darauf, dass es morgen endlich raus aus der Stadt und rein ins Abenteuer ging, raus aus Deutschland, rein nach Belgien. Endlich wieder Geduld, Plackerei und am Ende hoffentlich ein gutes Ergebnis beim Sprint durch die Altstadt von Lüttich.

Dabei fiel es ihm wieder ein… „Wer ist denn jetzt dieser Max Mustermann?“ Morten stöhnte entnervt, doch Haakon hob ruhig die Hand und deutete auf die Bühne.

„Meine sehr verehrten Damen und Herren, hier sind die Bismarck Bells!“ Neun Fahrer in schwarz-rot-goldenen

Outfits schoben ihre Fahrräder über eine Rampe auf eine große Bühne. „Letztes Jahr Sieger in der Teamwertung mit einer wirklich herausragenden Vorstellung ihres Zeitfahr- und Sprint-Stars, Max Mustermann!“

Während sich auf der Bühne eine Gruppe von acht Männern mit dunkelblonden bis braunen Haaren, sowie ein südländischer Typ in einer Reihe formierten, explodierte das Publikum.

„MAX SPEED! MAX SPEED! MAX SPEED!”

Ein langhaariger Blonder mit gelb getönter Sonnenbrille begann euphorisch zu winken und zeigte beim Grinsen seine schiefen Eckzähne. „Der Star aus Deutschland, Max Mustermann!“

Aha. Das war er also.

Max Mustermann.

Ein auffälliger Kerl von vielleicht Ein Meter Achtzig Körpergröße, aber mit bestimmt 15 Kilogramm weniger auf den Rippen als Olav. Genau richtig gebaut, wenn man beim Zeitfahren die letzten Hundertstel herausholen wollte.

Und dieser Max Speed, so wie ihn das Publikum nannte, schien die Aufmerksamkeit zu genießen. Er posierte breitbeinig mit seinem Fahrrad, senkte die Brille und zwinkerte neckisch in die Fernsehkameras.

Ja, solche Typen sollten interviewt werden und nicht er, Zimtschnecken-Olav. Ihm ging ja jetzt schon wieder die Pumpe, wenn er nur daran dachte, dass er gleich ebenfalls dort hochmusste, um sich ankündigen zu lassen.

Er atmete tief durch und starrte auf den Asphalt unter seinen Füßen. Mit jedem Atemzug verschwamm die Sicht vor seinen Augen mehr und mehr. Ein flaues Gefühl breitete sich in seiner Magengegend aus. *Was, wenn es dieses Jahr wieder zu einem Massensturz kam? Wenn er wieder nichts tun konnte, außer zu sehen, wie vor ihm alle wie Dominosteine umfielen? Und warum erinnerte er sich gerade jetzt wieder an dieses Detail?*

Olav hielt sich den Kopf. *Nein, er würde sich jetzt ganz sicher nicht übergeben. Nicht so kurz vor der Vorstellung. Danach vielleicht, aber nicht jetzt.*

„Hier. Nimm das." Jemand hielt ihm eine Wasserflasche hin. Mit zitternden Händen versuchte er sie entgegenzunehmen, doch es gelang ihm erst beim dritten Versuch. Und als er schließlich am Drehverschluss nestelte und den Blick hob, rutschte ihm fast das Herz in die Hose.

„Du?"

Rot-schwarzes Outfit mit weißen Akzenten, ein H für „HELVETIA" auf der Brust und blauen Augen so klar wie ein Schweizer Bergsee. *Oder ein Koreanischer, oder…*

„Ich?" Der andere musste schmunzeln. Schwarzes Haar mit roten Spitzen, lange Wimpern.

Ja, das war definitiv einer der vier Typen, die in die engere Auswahl für seinen Traum-Hintern kamen.

Olav nahm einen Schluck aus der Wasserflasche und verschluckte sich prompt.

„Trink nicht so schnell. Jetzt kannst du noch langsam machen."

Wie hieß er doch gleich nochmal? Kim, oder?

Mit Vor- oder Nachnamen?

Nachname, oder? Sein Vorname?

„Kim Lutz-Park. Du erinnerst dich an letztes Jahr? Du hast mir bei zwei Etappen die Führung weggeschnappt. Das war

ein echtes Desaster!“

Desaster! Wenn hier jemand ein Desaster war, dann wohl Olav selbst. Wenn er nicht aufpasste, dann hatte er gleich wieder Wasserflecke auf den Klamotten und musste damit auf die Bühne gehen.

„Ich“, fand er seine Stimme wieder, „hab garantiert nicht vor, dich dieses Jahr gewinnen zu lassen, Kim!“ *Hörte sich das cool genug an? Hoffentlich!*

Wieder dieses sanfte Lächeln. „Ich freue mich schon darauf.“

Der Jubel schwoll an. Zeit, auf die Bühne zu gehen. „Äh…“ Olav hielt die Wasserflasche hoch und sah sich planlos um. Hinter ihm verdrehte Morten schon wieder die Augen und warf ihm einen *„Mach hinne!“*-Blick zu.

Kim lachte amüsiert. „Schon gut, jetzt geh schon! Ich hoffe, es hat etwas geholfen?“ Er nahm die Wasserflasche zurück. Olav nickte stumm und schob sein Rad die Rampe hinauf. Sofort nahm die ohnehin schon unangenehme Temperatur weiter zu. Die Bühne war perfekt ausgeleuchtet und grillte die Viking Spades zusätzlich, damit sie für die Fernsehkameras besonders attraktiv aussahen.

„Die stolzen Wikinger des Nordens! Die Viking Spades! Einen Applaus, bitte!“

Olav konnte spüren, wie der Boden unter seinen Füßen zu beben begann. Gaströten und Trillerpfeifen ertönten. Irgendwo weiter hinten schlug eine Gruppe von Männern mit Plastik-Wikingerhelmen auf große Trommeln. Und als wäre dies nicht schon peinlich und überwältigend genug gewesen, skandierten die Zuschauer seinen Namen.

„OLAV! OLAV! OLAV!“

Hilfe, jetzt war ihn wirklich danach sich zu übergeben! Er verstand nicht einmal mehr, was der Moderator sagte und antwortete nur mit einem Nicken und einem kurzen „Ja“ auf jede Frage, die man ihm stellte.

Dann war es auch schon vorbei und sie durften endlich die Bühne verlassen. Olavs Schultern entspannten sich langsam. Jetzt würde endlich der ernsthafte Teil beginnen: sich auf den Rollen warm fahren und darauf warten, dass man beim Individualzeitfahren an der Reihe war.

„Na dann wollen wir uns mal in die Ganzkörperkondome werfen!“, scherzte Matti, als sie die Räder zurück zum Teambus schoben. „Ich bin ganz schön aufgeregt. Meine erste Tour. Hoffentlich blamiere ich euch nicht!“

Und selbst wenn er sich blamierte, die finnischen Mädchen würden ihn trotzdem noch anbeten. „Lass dich einfach nicht ablenken. Du hast so oft im Windkanal trainiert, du kannst gar nicht versagen. Beim heutigen Zeitfahren geht es fast nur geradeaus, mach einfach den Kopf frei, dann wird das schon.“

Wow, Olav, das waren ja richtig aufmunternde und erwachsene Worte! Wenn du nur zu dir selbst auch mal so motivierend sein könntest!

„Du bist noch jung, aber du hast definitiv den Dreh…“ – „Scheibenbremsen? Ist das dein Ernst?“ Eine argwöhnische Stimme mit ausländischem Akzent unterbrach ihn. „Ich hätte ja nicht gedacht, dass der harte Wikinger Olav Olsen bei seinem Comeback so handzahm geworden ist!“

Wollte ihn gerade jemand beleidigen? Olav schürzte die Lippen und sah seinen Kontrahenten an. Und zum zweiten Mal an diesem Tag rutschte ihm das Herz fast in die Hose.

„Nobuhiko…" – „Honda, genau der!" Olav traute seinen Augen kaum. Es war noch nicht mal Mittagszeit und er lief schon Hintern Nummer Zwei über den Weg, den er fast nicht wiedererkannt hätte.
„Äh, schicke Frisur!", versuchte er etwas Smalltalk zu initiieren, doch der Japaner wimmelte ihn ab. „Vielen Dank, aber trotzdem! Scheibenbremsen! Ich wusste echt nicht, dass du so ein Schisser bist!"
Scheibenbremsen gab es noch nicht sehr lange im Profi-Radsport und es gab nicht wenige, die diese auf Grund der Optik nicht mochten.
Während bei gängigen Modellen die Bremsklötze auf den Felgen des Rades lagen, wurde bei Scheibenbremsen in der Mitte des Rades die Bremswirkung erzeugt, was zu einem stabileren Bremsverhalten führte.
Olav hob eine Augenbraue. *Suchte der etwa Streit?*
Zugegeben, mit seiner neuen Frisur, dem Undercut mit gelb einrasierten Blitz, sah Nobuhiko endlich einmal anders aus als seine Teamkollegen, bei denen Olav echt Probleme hatte, sie auseinanderzuhalten.
Ob die schwarzhaarigen Japanese Jokers ebenso über die blonden bis brünetten Viking Spades dachten?
„Scheibenbremsen sind gut und zuverlässig", erklärte Olav langsam auf Englisch. „Sie bremsen besonders bei nasser Fahrbahn optimal. Und ja, wenn du das so sehen willst, ich bin ein Schisser, weil es mich letztes Jahr bei Regen voll auf die Fresse gehauen hat!"
Nobuhiko zischte entnervt. „Wir werden morgen ja sehen, wessen Bremsen besser wirken. Falls wir die überhaupt brauchen. Ich habe jedenfalls nicht vor, morgen vor der

Ziellinie den Schwanz einzuziehen. Shitsurei shimasu!"[1]
Als der Japaner in der gelb-schwarzen Teamkluft sein Fahrrad an ihm vorbeischob, hörte er dessen Teamkollegen mit vorwurfsvollem Ton etwas sagen. Doch Olav verstand kein Wort Japanisch und konnte deshalb nur ratlos nur mit den Schultern zucken.
Das war also Nobuhiko Honda? Was für eine Persönlichkeit! Dabei sagte man doch immer, dass Japaner nett, zurückhaltend und stets freundlich waren! Aber wahrscheinlich traf das genauso wenig zu, wie Olav ein dänischer Nationalheld war.

Olav fixierte das Hinterrad seines Spezialfahrrads für Zeitfahrten und begann sein Aufwärmtraining. Auch wenn das Individualzeitfahren nur 14 Kilometer lang war, musste doch jede Faser seines Körpers perfekt vorbereitet sein. Er war zwar kein Zeitfahrspezialist wie Matti, der sich bereits seinen besonderen Anzug angezogen hatte, welcher den Luftwiderstand auf seinem Körper verringern sollte, aber es stand ja wohl außer Frage, dass er, Olav, der Zimtschnecken-Held, am morgigen Tag woanders als in der ersten Gruppe starten würde.
Selbst wenn die finanzielle Lage der Viking Spades noch so prekär war, hatten sie noch immer das beste Equipment vom besten zur Verfügung. Anstatt am Material zu sparen, wurden seit dem letzten Jahr systematisch die Fahrer entlassen. Von ursprünglich 28 Fahrern waren inzwischen nur noch 16 übrig, von denen wiederum neun an der Tour teilnahmen. Der Teambus war ebenfalls in die Jahre gekommen und Alvar, der teameigene Physiotherapeut, zeigte in seiner

1 Ich entschuldige mich!

Nebenrolle als Busfahrer, dass er mit sperrigen Gefährten ebenso gefühlvoll umgehen konnte, wie mit verspannten Muskeln. Märtha und ihr Vater Malthe kümmerten sich neben der Fahrradmechanik und -elektronik vor, während und nach einer Etappe auch um die Erstellung passender strategischer Manöver, welche wiederum von Haakon in Zusammenarbeit mit allen Fahrern umgesetzt wurden.

Das war nicht immer so, doch nach dem desaströsen Abschneiden von Team Viking auf der Dauphiné im Frühling hatte sogar der sportliche Leiter Giovanni wutentbrannt das Handtuch geworfen. Und Viking, der skandinavische Baumarkt, schrieb auch ohne das gesponserte Radsport-Team rote Zahlen. *Die Kacke war also wirklich am Dampfen... Warum konnten sie nicht einfach von einem schwedischen Möbelhaus gesponsert werden und dann in netten Werbespots billige Regale aufbauen und Hackbällchen essen?*
Olav versuchte sich aber immer wieder einzureden, dass die aktuelle Situation gar nicht einmal so schlecht war. Die Viking Spades, so wie sie jetzt waren, waren für ihn wie eine Familie. Viele von ihnen kannte er noch aus dem Sport-Förderzentrum, in welchem er seit seinem 14. Lebensjahr trainiert und gelernt hatte. Er sah sie öfter als seine richtigen Verwandten und es war auch nicht übertrieben zu sagen, dass sie sogar mehr über ihn wussten als seine eigenen Eltern.

Als er zehn Minuten später langsam ins Schwitzen kam, fühlte sich Olav schon viel selbstbewusster. Sollte Nobuhiko noch so viel Gift und Galle spucken und sollte ein

Max Mustermann, der deutsche Nationalheld, doch vor Selbstbewusstsein sprühen, ihm konnte das doch egal sein. Er würde einfach ruhig und abgeklärt sein Ding machen.

Am Nachmittag war es endlich soweit. Team Viking reihte sich in die Schlange zum Individualzeitfahren ein. Matti rückte noch einmal seinen futuristisch aussehenden Helm zurecht, überprüfte jedes noch so kleine abstehende Bändchen, sowie die Funkverbindung zu Märtha im Begleitfahrzeug und schoss mit dem Ablauf des Countdowns so schnell los, dass er binnen kürzester Zeit hinter der ersten Kurve verschwunden war.
Olav wippte unruhig mit den Zehenspitzen und fuhr mit dem Zeigefinger den Kragen seines Rennanzugs nach. Auch er trug einen aerodynamisch geformten Helm und würde wie Matti heute mit einem Spezialfahrrad starten, dessen Lenker besonders geformt war und das im Hinterrad keine Speichen, sondern eine windreduzierende Scheibe hatte. Während er darauf wartete, an der Reihe zu sein, beobachtete er Mattis Zwischenzeiten auf einem der zahlreichen Bildschirme. Ohrenbetäubender Lärm war allgegenwärtig. Doch Olav Olsen, der dänische Hoffnungsträger, war in Gedanken ganz woanders.
Ein Jahr war es jetzt her, dass er an so einem mörderisch langen Turnier teilgenommen hatte. Im Frühjahr hatte er sich zwar zaghaft an mehrere kleine Rennen herangetastet, aber so einen großen Hammer wie die Tour de France hatte

er sich seit seinem Unfall nicht mehr angetan. Die Erwartungen der Zuschauer und Medien lasteten schwer auf seinen Schultern.
Würde alles gut gehen? Würde er diesmal den Erwartungen gerecht werden? Er fixierte seine mit Metallschienen ausgestatteten Schuhe in den Pedalen und schärfte die Sinne. Noch wenige Sekunden, dann würde auch für ihn die Tour de France beginnen. Hier oben, auf der kleinen Startrampe, umringt von Zuschauern hinter Absperrgittern, die seit Stunden in der Sonne ausharrten, um ihn zu sehen.
In der Ferne sah er ein violettes Banner im Wind flattern, auf das sein Gesicht gedruckt war. Ein Jahr. Und im Gegensatz zu ihm, der so viel vergessen hatte, hatte ihn das Publikum nicht vergessen.
GO VIKING.
GO CINNAMON ROLL.
GO OLAV.
Olav musste schmunzeln, leckte sich noch einmal über die Lippen und atmete tief durch. Dann war der Countdown abgelaufen und seine Tour de France begann.

Wie konnte man beschreiben, was in einem Rennradfahrer im Moment des Starts vor sich ging? Wie dieses Gefühl erklären, das über denjenigen kommt, dessen Anspannung sich wie die Sehne eines Bogens konzentriert, nur um dann im perfekten Moment den Pfeil hervorschnellen zu lassen?

Olav liebte den Nervenkitzel vor dem Start und das Gefühl der Euphorie, sobald all die gesammelte Energie losbrach. Das feste Umgreifen des Lenkers, wie sich seine Beine streckten und der Oberkörper nach vorne gebeugt wurde. Die unbändige Kraft, die mit jeder Umdrehung der Pedale in sein Fahrrad strömte. Schon bald legte er sich in die erste Kurve, spürte den Fahrtwind und hörte verzerrt den Jubel der Zuschauer, die sich an den Seiten der Banden versammelt hatten. Dumpf drangen die Trommeln der Pseudo-Wikinger an sein Ohr.

Olavs Atem beschleunigte sich und ein Lächeln schlich sich auf sein Gesicht. *Ja, wie sehr er dies doch vermisst hatte! Dieses Gefühl, einfach wieder mit dabei zu sein auf der großen Bühne des Radsports!*

Es dauerte nicht lange und die Ziellinie kam in den Blick. Wehmut erfüllte Olav, doch gab er noch einmal alles. Er biss die Zähne zusammen, schaltete einen Gang nach oben und trat in die Pedale, was das Zeug hielt. Damit war die erste Etappe und das Zeitfahren für ihn auch schon vorbei.

„Das war ja unbefriedigender als ein Quickie!" Olav schnallte den Helm ab und trank aus der Sportflasche, die man ihm reichte. *Nur 14 Kilometer! Das war ja genauso fade wie der Sport-Drink, den man ihm in die Flasche gefüllt hatte.*

Er zuckte mit den Schultern und betrachtete die digitale Anzeigetafel. Max Mustermann, Platz 1. Matti Meikäläinen, Platz 5. Olav Olsen, Platz 12. Wenn man bedachte, dass am Ende hoffentlich noch 150 andere Fahrer hinter ihm liegen und sich nur noch wenige vor ihm einreihen würden, dann war es ein verdammt gutes Ergebnis für die lange Pausenzeit. Platz 1 konnte er sich immer noch morgen holen, auf einer Flachetappe, die ihm viel mehr lag, als dem Zeitfahren.

„Olav?"
Er wischte sich den Schweiß von der Stirn und warf sich das Handtuch anschließend über die Schultern.
„Hallo-hoo, Olav?" Da die Anspannung vorbei war, konnte er nun endlich einmal auf die Toilette gehen. Nicht, dass es im Bus der Viking Spades kein stilles Örtchen gegeben hätte, doch war dieser Thron nach jeder Etappe ganz allein für Mortens langwierige Sitzungen reserviert. Und wenn es etwas gab, das Olav so gar nicht leiden konnte, dann war es nach einem anstrengenden Ritt vergast zu werden. Also zog er es vor sich durch das Gewusel an Fahrern, Helfern und Reportern zu kämpfen und sich eine andere stille Zuflucht zu suchen. Zum Glück befand sich ganz in der Nähe eine blaue Ansammlung von mobilen Toilettenhäuschen, die sogar noch relativ frisch rochen.
Na ja, wenn die anderen 100 Fahrer, die jetzt noch am anderen Ende von Düsseldorf warteten, erst einmal hier angekommen waren und ihren Entspannungs-Schiss verrichteten…
„Olav Olsen? Erkennst du mich noch?" Gerade, als er die Tür zu einem noch sauberen Toilettenhäuschen öffnen wollte, tippte ihm jemand auf die Schulter.
Schon wieder ein Reporter? Hatten die hier überhaupt Zutritt? Einfach immer nett lächeln, obwohl er gerade wirklich dringend musste! „Ja, bitte?"
Wie aus heiterem Himmel wurde er in eine Blitz-Umarmung gezogen. „Ich habe dich ja so vermisst, Olav, das kannst du mir glauben! Mir war so schrecklich langweilig ohne dich!"
Wer war das nur? Schwarzer Lockenkopf, dunkelhäutig und grün-weißes Teamoutfit mit orangenen Akzenten.

Olav konnte gar nicht so schnell reagieren, wie sich plötzlich ein paar schlanke Hände um seinen Nacken legten und ihn nach unten zogen. Der Lockenkopf kam ihm immer näher und näher, bis schließlich ein paar weiche, braune Lippen auf seinen landeten.
Olav riss die Augen auf und rang nach Luft. *Ein Kuss? Was? Wie? Warum so plötzlich?*
Er stieß den Anderen von sich und wischte sich aus Reflex über die Lippen. Doch der legte nur den Kopf schief und sah ihn verwundert an. „Du musst mich ja wirklich vergessen haben, lieber Olav!“
Er zwinkerte und berührte ebenfalls seine Lippen, als wollte er den flüchtigen Kuss noch einmal nachspüren. „Ich bin's doch, dein Punyaa! Punyaa Boonmee, seines Zeichens Ass-Sprinter der ShamroClovers – und dein größter Fan!“

188

Tour 2:
Schweiß, Blut und ...
noch mehr Küsse?!

Wenn es etwas gab, was Olav an Deutschland ganz besonders zu schätzen wusste, dann war es die Wurst. Deutsche Wurst gab es in unglaublich vielen Formen und Farben und jede schmeckte aufregend und anders. Und auch vom Brötchenbacken hatten die sonst so mürrischen Deutschen echt Ahnung.

Das Brötchen, welches Olav aus der eingenähten Rückentasche seines Trikots zog, war auf den letzten 20 Kilometern zwar etwas zerdrückt worden, doch schmeckte die Salami darauf immer noch hervorragend. Nachdem er den letzten Bissen verspeist hatte, griff er nach einem Sport-Gel und zwang sich dazu die glibberige Flüssigkeit herunterzuschlucken. Erdbeergeschmack. Wahrlich nicht seine Lieblingssorte, doch bevor er bei der brütenden Hitze des zweiten Tour-Tages zusammenklappte, war es besser, seine Energiereserven beizeiten wieder aufzufüllen.

Die zweite Etappe hatte für die Viking Spades durchschnittlich begonnen. Am Morgen prasselte ein kleiner Regenschauer über Düsseldorf nieder, doch ihre Fans in Regenponchos waren euphorisch wie immer und hoben die Trinkhörner, wann immer ein lilafarbenes Trikot an ihnen vorbeirauschte. Das Peloton setzte sich langsam in Bewegung und mit jedem Kilometer, den sie der Stadtgrenze näherkamen, nahm die Geschwindigkeit zu.

Die Masse an Radfahrern glich bald eher einer Karawane und die deutschen Bismarck Bells, in deren Mitte das leuchtende gelbe Trikot Max Mustermanns zu sehen war, setzten sich beizeiten ab. Morten und Ebbe gaben ihr Bestes, um die erste Bergwertung im Grafenberger Wald ein-

zunehmen, doch die Deutschen ließen sich den Sieg auf heimischem Boden nicht streitig machen.
Auch den ersten Zwischensprint in Mönchengladbach musste Olav zähneknirschend an den strammen Max abgeben. Vielleicht hatte die Boulevardpresse ja doch recht gehabt und Olav war etwas zu dick geworden, um mit der Crème de la Crème der Sprinter mitzuhalten. Doch wann immer Olav sich nach dem Duschen im Spiegel betrachtete und die festen Muskelpakete unter dem Bauchspeck erfühlte, dachte er daran, dass er nach 21 Etappen und knapp 3500 Kilometern froh über die Fettreserve sein würde, die er bis dahin mit Sicherheit abgebaut haben würde.
Lars, ein eher wortkarger Geselle mit dunkelblonden Locken, reichte ihm im Vorbeifahren eine frische Wasserflasche, die Olav gegen seine leere austauschte. Soeben war das Versorgungsfahrzeug der Viking Spades an sie herangefahren und hatte ihnen nicht nur frisches Wasser, sondern auch neue Informationen gebracht.
Als Lars nach vorne aufgeschlossen war und auch Haakon sein Wasser reichte, konnte Olav sehen, wie sich ein Lächeln in das Gesicht des Anführers stahl.
Lars murmelte etwas und ließ sich dann wieder zurückfallen, um die gesammelten leeren Wasserflaschen zurück durch das offene Fenster an der Beifahrerseite des Wagens zu geben.
Der blonde Hüne hob den Arm. „Leute, wir haben soeben die Information bekommen, dass der deutsche Panzer hinter dem nächsten Hügel ein Manöver plant. Bevor uns dieser blonde Dracula also wieder durch die Lappen geht, nehmen wir die Verfolgung auf. Morten? Ebbe?“

Haakon ließ sich zurückfallen und schickte die beiden Kletterer der Viking Spades nach vorne. Olav griff nach der Wasserflasche und nahm einen tiefen Schluck. Er konnte sich ein Grinsen nicht verkneifen.

Der deutsche Dracula! Irgendwie passte das. Dieser Max Mustermann hatte aber auch spitze Eckzähne! Und nicht nur das. Beim Zwischensprint hatte er ihm fast wortwörtlich seine Reserven ausgesaugt.

Er schaltete einen Gang nach oben und verringerte den Abstand zwischen seinen und Mortens Rädern. Der bärtige Däne trat so heftig in die Pedale, als wäre er ein hungriges Raubtier, welches durch die verlorene Bergwertung erst recht Lust auf den Beutefang hatte. „Auf geht's!"

Links und rechts neben den Viking Spades dünnte sich das Feld aus. Schon bald nahm das klickende Geräusch der Zahnradkränze ab und der Motorensound der Begleitfahrzeuge und Fernseh-Motorräder zu. Über ihnen knatterten die Rotorenblätter eines Hubschraubers.

Haakon nickte zufrieden. Wie er es gedacht hatte, schienen die meisten Teams erst nach dem kurzen Anstieg ein strategisches Überholmanöver zu planen. Und das, so war er sich sicher, würde ihnen einen erheblichen Vorsprung verschaffen, den er, Matti und Olav zum Ausreißen auf der Abfahrt nutzen wollten.

Die meisten Teams planten so, jedoch nicht alle. 20 Meter vor ihnen tauchte plötzlich ein neunköpfiges Team mit weiß-grünen Jerseys auf.

„Oh nein…" Olav senkte den Kopf und versuchte sich möglichst unauffällig zu verhalten, doch es war zu spät. Kaum hatten Ebbe und Morten den Vorsprung der ShamroClovers aufgeschlossen, wandte sich Punyaa freudestrahlend um. „Olav! Da bist du ja endlich! Ich dachte schon, das wird heute gar nichts mehr!“

Oh nein, bitte nicht der!

Olav spürte, wie ihm das Blut in die Ohren schoss. Bilder vom Vortag bahnten sich den Weg in sein Gedächtnis.

Geküsst. Geküsst. Punyaa hatte ihn geküsst. Einfach so, als wäre es die normalste Sache der Welt gewesen.

Olavs Puls beschleunigte sich und er nahm einen weiteren großen Schluck aus der Sportflasche. Punyaa ließ sich zurückfallen und näherte sich Olav seitlich so sehr, dass sich ihre Arme kurz berührten.

Scheiße, scheiße, scheiße!

Es durchfuhr ihn wie ein Blitzschlag. Punyaas weiche braune Lippen, seine gelockten langen Haare, die selbst unter dem Helm nicht zu bändigen waren und die lustigen, fröhlichen, mandelförmigen Augen, die ungewöhnlich bernsteinfarben waren.

Geküsst. Geküsst! Warum tat er sowas?

„Hi!“, presste er hinaus und blickte zu dem kleinen Thailänder hinüber. *Nur nicht aus dem Rhythmus kommen!*

„Lief nicht ganz so gut, aber heute ist ja erst der zweite Tag!“ Er hob den Daumen und versuchte dabei möglichst cool zu wirken. Um keinen Preis der Welt wollte er sich blamieren. „Du wirst schon sehen, ich werde heute der erste sein, der auf dem Boulevard de la Sauvenière über die Ziellinie brettert!“

Punyaa lächelte ganz verzückt. „Da bin ich aber ganz schön gespannt!“ Er musterte ihn von oben bis unten, während er selbst sich aus dem Sattel erhob und zu tänzeln begann.

„Siehst auch schon viel fitter aus als in der Reha, auch wenn du echt ein bisschen Speck angesetzt hast!"
Er lachte und hob kurz die Hand. „Bye bye!" Dann trat er fest in die Pedale und schloss wieder zu seinem Team auf, welches noch immer mit zehn Meter Vorsprung vor den Viking Spades fuhr.
Olav sah ihm ratlos nach. *Reha… Reha… Moment mal, woher wusste dieser thailändische Wirbelwind, in welchem Zustand er sich in der Reha-Klinik befunden hatte?*
Morten rotierte mit Ebbe und verdrehte darauf die Augen. „Dein Gesicht sagt mir, dass du mal wieder eine Lücke hast, Brauner?" Olav nickte stumm.
„Na die ShamroClovers, weißt du nicht mehr?" Er machte eine Geste, als wollte er in der Luft jemandem zuprosten und anschließend etwas trinken.
Ebbe lachte. „Ja, der gute Sheamus und seine Crew, die können ganz schön bechern! Aber mich wundert es ja, dass Punyaa so dicke mit dir ist, Olav. Ist da irgendwas in der Reha gelaufen, von dem wir nichts mitbekommen haben?"
Der Fahrtwind pfiff kühl um Olavs Ohren, doch die Hitze in ihnen wollte nicht abnehmen. „Ich weiß es echt nicht mehr", nuschelte er in den Energieriegel, bevor er dessen Verpackung mit den Zähnen aufriss und ihn anschließend komplett in den Mund stopfte.
Während seiner Zeit in der Reha-Klinik hatte er viel Besuch bekommen. Freunde, Familie, aber auch Sportreporter und Klatschjournalisten, die seinen bemitleidenswerten Zustand begutachten wollten. Vielleicht hatte Punyaa ihn also wirklich besucht und er hatte es als unwichtig abgetan, weil er die meiste Zeit damit beschäftigt war, alternative

Trainingsmethoden zu finden, bei denen er fit bleiben und dennoch seinen rechten Ellenbogen auskurieren konnte.
Olav, wenn das wirklich stimmt, dann bist du manchmal echt ein oberflächlicher Arsch. Der nette Punyaa – ach! Apropos Arsch…
Verstohlen blickte er zu dem Zug der ShamroClovers und versuchte so beifällig, wie nur irgendwie möglich Punyaas Hintern auszumachen. *Wenn nicht jetzt, wann sollte er dann die Gelegenheit haben seiner Erinnerung mit diesem Anblick auf die Sprünge zu helfen?*
Ein Grinsen machte sich in seinem Gesicht breit. *Ja, an Punyaa war alles etwas weicher und runder geraten. Unter der olivbraunen Haut zeichneten sich kaum Muskeln ab und sein Handgelenk schien so dünn zu sein, dass es bestimmt zwischen Olavs Zeigefinger und Daumen gepasst hätte.*
Aber war das Gesäß in seiner Erinnerung wirklich so prall gewesen?
Er wischte sich mit dem Handrücken über die Stirn. Wieder hatten Morten und Ebbe die Position gewechselt und erhöhten stetig das Tempo, mit denen sich die Viking Spades dem Gipfel der Anhöhe näherten. Schon machte sich Morten daran, die ShamroClovers zu überholen.
Punyaa musste Olavs Blick gespürt haben, denn er wandte sich plötzlich um und zwinkerte ihm zu. Olav hoffte inständig, dass man die Röte in seinem Gesicht nur für Anstrengung hielt.
Geküsst! Geküsst! GE-
„ZOOM-ZOOM!“
Wie aus dem Nichts schoss plötzlich das Team der Japaner wie ein gelber Lichtblitz an ihnen vorbei. Der kleinste von

ihnen, Yoshiki Matsuda, hatte sich tief nach vorne gebeugt und trat mit schwindelerregend hoher Umdrehungszahl in die Pedale.
Staub wurde aufgewirbelt und Olav konnte spüren, wie der Fahrtwind der Japanese Jokers an seinem Lenker rüttelte. Und als Olav nach links blickte, kam es ihm fast so vor, als warf ihm Nobuhiko, der Sprint-Star mit der ungewöhnlichen Frisur, ein gehässiges Grinsen zu.
Haakon reagierte sofort. „Matti, Olav! Hinterher!"
Mit einem Mal wurde die Nervosität in seinem Inneren zu einem angenehmen Nervenkitzel. Sein Blick wurde fest. „Sorry, Punyaa, aber … wir sehen uns erst hinter der Ziellinie wieder!" Er nickte dem verdatterten Thailänder noch kurz zu, dann umgriff er fest den unteren Teil des Lenkers und tänzelte hinter Haakon und Matti die Anhöhe hinauf.

Nobuhikos Grinsen wurde immer breiter. Der Neue, Yoshiki, war zwar nicht ganz dicht in der Birne, doch wenn man ihm sagte, dass er in die Pedale treten sollte, dann jagte er wie ein geölter Blitz davon.
„Deutsches Team entdeckt!" In Yoshikis Augen blitzten die Sterne und er legte noch ein paar Umdrehungen zu. Nobuhiko beugte sich ebenfalls stark nach vorne, um den Luftwiderstand zu verringern. Hinter ihm schwitzten Mamoru, ihr Anführer, und sein Assistent, Jun. Sie taten sich schwer mitzuhalten, denn der Hügel war vorbei und die Abfahrt begann. Kleine und leichte Sprinter wie Yoshiki waren bei Abfahrten eindeutig im Vorteil. Der Abstand zum Rest des Teams, unter denen sich auch die Brüder Daisuke und Keisuke befangen, wurde immer größer.

Schon schoben sich Haakon, der mit Matti getauscht hatte, und Olav in die Lücke. Olav war nicht wiederzuerkennen. Aus dem besonnenen Zimtschnecken-Held war ein hochkonzentriertes Monster mit finsterem Blick geworden, welches sich ein Grinsen nicht verkneifen konnte.

Endlich! Endlich! Endlich ging es los! Und dieses Mal würde er diesem Nobuhiko das Maul stopfen, damit der sich nicht noch einmal über sein Fahrrad lustig machen konnte!

„Matsuda-san! Urashima Taro Manöver!“, brüllte der Teamchef der Japanese Jokers, der als einziger kein schwarzes Haar hatte, sondern es mittelbraun aufgehellt hatte.

„Roger, Mamo-chan!“ Yoshiki salutierte, dann schaltete er zwei Gänge nach oben und brüllte erneut „ZOOM-ZOOM“.

Nobuhiko ließ einen kehligen Kampfschrei verlauten und er und der jüngste Japanese Joker setzten sich von ihren Teamkameraden ab.

Haakons Augenbraue zuckte. *Hatten die beiden tatsächlich vor, sich jetzt schon den Tagessieg zu sichern? Na wenn das so war…*

„Olav, Matti! Wir lassen uns auf keinem Fall auseinanderreißen. Also Zähne zusammenbeißen und durch, die Wikingerflotte setzt die Segel!“

Olav hatte das Gefühl, als würden seine Beine ein Eigenleben entwickeln. Fester, schneller, immer schneller traten sie in die Pedale. Der Fahrtwind schnitt ihm ins Gesicht und ließ seine Lippen ganz trocken werden.

Er griff nach der Wasserflasche und schüttete sich einen Schwall Flüssigkeit ins Gesicht, ohne wirklich etwas davon in den Mund zu bekommen. Und das, was über seine geöff-

neten Lippen in seinen Mund strömte, schmeckte ohnehin mehr nach salzigem Schweiß, als nach Wasser.
Olav sah nichts mehr außer Mattis Rücken und Gelb. Gelbschwarze Teamoutfits direkt vor sich. Yoshikis verrückter Zauberspruch, der ihn jedes Mal, wenn sie ihn fast zu fassen bekommen hatten, erneut um mehrere Meter nach vorne katapultierte.
Es war frustrierend. *Waren sie wirklich so schwach? Hatte das gesamte Team seit seinem Ausscheiden im letzten Sommer abgebaut?*
Es kam ihm so vor, als würde er doppelt sehen. Plötzlich waren vor ihm nicht ein Yoshiki, sondern zwei. Zwei gelbe Haufen, die sich eine abartig schnelle Talfahrt lieferten.
Olav nahm kurz die Sonnenbrille ab und wischte sich über die Augen. Doch auch das half nichts. Das Gelb blieb doppelt. Und als Matti erneut an die Spitze rotierte und das Tempo erhöhte, erkannte Olav auch den Grund dafür: sie hatten Max Mustermann endlich eingeholt.
Die Zuschauer am Wegesrand jubelten. Wieder erschallten Gaströten, Trillerpfeifen und Rasseln. Die Straße wurde langsam breiter und die Häuser am Wegesrand nahmen zu. Es war soweit. Sie hatten Lüttich erreicht. Olav wusste, was jetzt passieren würde: Matti, der junge Zeitfahrspezialist, würde auf den nächsten Kilometern das letzte aus sich herauspressen, um anschließend ihn und Haakon auf den Zielsprint zu schicken.
„OLAV! OLAV!“, „MAX SPEED! MAX SPEED!“, skandierten die Fans. Vereinzelte „NIPPON, BANZAI!“ Rufe waren zu hören. Wieder Gaströten. Fahnen wehten am Straßenrand. Schwarz-rot-gold, weißes Kreuz auf rotem

Grund, roter Punkt auf weißem Grund, violette „GO VIKING"-Banner zwischen „Unser Kaiser Max" und japanischen Schriftzeichen, die Olav nicht lesen konnte.
Das alles flog so schnell an dem Brünetten vorbei, dass er an gar nichts anderes mehr denken konnte als ans Atmen und in die Pedale zu treten. Schließlich hatten sich Yoshiki und Matti verausgabt und fielen zurück. Nobuhiko und Max rempelten im Sprint immer wieder gegeneinander, während Olav sich noch etwas zurückhielt.
Die Häuser wurden immer größer und schon bald kam der Stadtkern in greifbare Nähe. Vor ihm leuchtete in flammendem Rot die Ein-Kilometer-Marke auf. Das war das Zeichen. Er holte tief Luft, ließ einen Kampfschrei verlauten und heftete sich an Max und Nobuhiko.
Die Zuschauer sahen nur gelb, gelb, lilafarben, wieder gelb. Die drei Spitzen-Sprinter schenkten sich nichts. Als sie in die letzte ausgedehnte Kurve auf dem Boulevard de la Sauvenière einbogen, explodierte das Publikum. Zehntausende jubelten ihnen zu.
Doch Olav nahm sie alle nicht wahr. Er wollte gewinnen. Gewinnen. Endlich wieder gewinnen. Morgen wollte er mit dem gelben Trikot antreten. *Er wollte es SO SEHR!*
Vor seinem inneren Auge blitzte noch einmal die Zeit in der Reha-Klinik auf. Die Gehirnerschütterung war nach kurzer Bettruhe wieder verheilt, doch sein rechter Ellenbogen musste mehrmals operativ gerichtet werden, bis alles wieder an seinem Platz war und normal zusammenwuchs. Die Ärzte sagten zwar, dass er es ruhig angehen sollte, doch wann immer Olav seine Kollegen und Rivalen im Fernsehen sah, kochte die Frustration wieder hoch.

Warum er? Warum musste er sich bei dieser beschissenen neunten Etappe auch so verletzen, dass die Tour für ihn gelaufen war? Das sollte auf keinem Fall noch einmal passieren!
Olav legte sich tief in die Kurve. Sein Blick war verschlossen und ernst. Nicht so wie der von Max und Nobuhiko, deren Augen hinter ihren Schutzbrillen animalischen Wahnsinn verströmten. Sie schnauften und brüllten. Niemand war bereit, seinem Gegner auch nur einen Zentimeter zu schenken.
Als die Kurve vorbei war, sah Olav seine Chance gekommen. Er schaltete einen Gang nach oben, lehnte sich weit nach vorne und trat und trat und trat in die Pedale. Schweiß tropfte von seinem Kinn. Seine Beine schmerzten und sein Herz schien in seiner Brust zu explodieren.
Jeder normale Mensch wäre lieber gestorben, als sich solchen Qualen auszusetzen. Doch nicht Olav Olsen. Olav, der Zimtschnecken-Held, war glücklich.
Die Stimmen der Moderatoren dröhnten unverständlich aus den Boxen. Noch wenige Meter, dann gehörte ihm das gelbe Trikot. *Endlich. Endlich! Olav war zurück. Zurück auf der großen Radsport-Bühne dieser Welt, er…*
„Niemand unterschätzt MAX SPEED!“
20 Zentimeter.

30.

40.

Ein halber Meter.
Nur ein gottverdammter halber Meter!

Max Mustermann brüllte triumphierend und reckte die Hände zum Himmel. Olav hatte das Gefühl augenblicklich auf dem Lenker zusammenzubrechen. Er bremste ab, ließ sein Rad ausrollen und blieb schließlich keuchend stehen.
Jemand half ihm aus dem Sattel und stützte ihn ab. Ein Handtuch wurde um seine Schulter gelegt und man reichte ihm eine Wasserflasche, die er gierig leertrank. Kameras klickten.
Das Publikum jauchzte seinen Namen.
„OLAV! OLAV! OLAV!" Man klopfte ihm auf die Schultern und schüttelte ihm die Hände, doch Olav konnte sich nicht freuen. Sein Lächeln gegenüber den Fernsehkameras wirkte gequält. *Ein gottverdammter halber Meter! Das waren bestimmt nicht einmal drei Hundertstel, um die er den Etappensieg verschenkt hatte. Und im Profi-Radsport bedeuteten Hundertstel manchmal leider alles...*
Haakon erreichte als Vierter das Ziel. Darauf folgte der geschlossene Trupp der Bismarck Bells, schließlich Matti, Mamoru, Jun und dann die ShamroClovers.
Olav rubbelte sich das schweißnasse Haar trocken und warf das Handtuch anschließend frustriert in die Menge. Ein paar Mädchen kreischten und stritten sich zankend darum, doch Olav konnte darüber nicht mal mehr lachen.
Mit hängenden Schultern trottete er zu den mobilen Toilettenhäuschen, wimmelte sämtliche Reporteranfragen ab und hoffte, dass er diesmal in Ruhe sein Geschäft verrichten konnte, ohne dass Punyaa ihm um den Hals fiel.
Draußen tobte noch immer das Publikum und die Wände des Plastikhäuschens bebten, wann immer der Sprecher die nächste Zieleinfahrt ankündigte. Von Ruhe konnte also

nicht wirklich die Rede sein. Wenig später beendete Olav sein Geschäft und gähnte herzlich. Die Tür quietschte in den Angeln, als er sie aufstieß und ins Freie trat.
Na also, kein Punyaa! Der hatte wohl begriffen, dass ihm die Knutschattacke gestern doch etwas peinlich war.
„Hey, Wikinger!" Olav wollte gerade ein Taschentuch hervorholen und sich schnäuzen, doch überlegte es sich dann anders und steckte das Papier wieder in seine Rückentasche.
Wollte er sich wirklich auf ein weiteres Streitgespräch mit dieser rotzigen Stimme einlassen?
„Ja, bitte?" Er lächelte freundlich und baute sich lässig vor Nobuhiko auf, den er um eine Stirnlänge überragte. In Wirklichkeit war ihm aber danach breit zu grinsen.
Nobuhiko schürzte die Lippen. Sein schwarzes Haar war ganz nass und er hatte es nach hinten gekämmt. Mit der freien Stirn sah er nicht halb so verwegen aus wie gestern.
Olav konnte sehen, wie es in dem Japaner arbeite. Nobuhiko kräuselte die Stirn, zog die Augenbrauen zusammen und blickte zur Seite.
Na los, sag es schon, sag es!
Auch wenn sich Olav sehr darüber geärgert hatte, dass Max heute schneller war als er, war der Sieg über Nobuhiko, der nur Dritter geworden war, die reinste Genugtuung. Und diese Genugtuung hätte er ihm am liebsten ins Gesicht geschrien. Doch Olav wäre nicht Olav gewesen, wenn er nicht die sportliche Fassung behalten und freundlich geblieben wäre.
„*Ore ha, chigau! Eigo desu-ne!* [2] Ich wollte sagen…"
War der Gute etwa nervös? Olav verstand kein Wort von

2 Ich wollte sagen, nein, Moment, Englisch!

dem japanischen Gebrabbel und war froh, dass sich Nobuhiko schnell wieder gefangen hatte und Englisch sprach. Er sah verlegen zur Seite und nuschelte etwas.
„Wie bitte? Sorry, ich habe dich nicht verstanden." Seine Mundwinkel zuckten, doch er musste den netten Olav noch etwas aufrechterhalten.
„Gut gemacht…" Nobuhiko kratzte sich am Hinterkopf. „Heute hast du gewonnen, Olav. Es war ein gutes Rennen." Er sah ihn immer noch nicht an und hielt ihm kollegial die Hand hin.
Olav schlug ein. „Danke! Es hat mir auch wirklich Spaß gemacht, mich wieder mit dir messen zu dürfen, Nobuhiko!" – *„Nobu to yonde mo ii-yo…"* [3] – „Was hast du gesagt?" Der Japaner hielt seine Hand noch immer umgriffen und sah ihm plötzlich tief in die Augen. *„Jitsu ha…"* [4]
Olav schwante Schlimmes.
„Ore ha Olav no koto ga…" [5]
Olav machte einen Schritt rückwärts und versuchte seine Hand freizubekommen, doch Nobuhiko ließ nicht los. Dann stieß er mit dem Rücken gegen das Toilettenhäuschen. *„Suki!"* [6]
Plötzlich ging alles so schnell, dass Olav am Ende nicht mal mehr sagen konnte, wie es überhaupt dazu gekommen war. *Dabei hatte er die letzten Sekunden des Rennens doch so glasklar im Kopf abgespeichert, als wären diese in Zeitlupe abgelaufen! Warum ließ ihn sein Verstand also jetzt wieder im Stich?*

---

3 Nenn mich ruhig Nobu…
4 In Wirklichkeit…
5 …bin ich…
6 …in dich verliebt!

VIKING
SPADES
JOKERS

Nobuhikos freie Hand schnellte empor und traf neben Olavs Kopf die Tür der mobilen Toilette. Der Japaner verringerte den Abstand zwischen sich und Olav. Olav kniff die Augen zusammen. Er konnte dessen heißen Atem spüren, als er noch einmal *„Suki desu, Olav!"* [7] hauchte und anschließend seine Lippen auf Olavs presste.

Und ich habe noch gedacht, dass die letzte Tour de France das schlimmste Radturnier war, das ich jemals gefahren bin!

…ich nehme alles zurück!

7 Ich liebe dich, Olav!

Tour 3:
Alles heiße Luft

Olav war zum ersten Mal seit Beginn der diesjährigen Tour de France mit sich zufrieden. Es waren zwei Tage vergangen, seit Nobuhiko ihm nach dem Zielsprint in Lüttich auf seine ganz persönliche Art und Weise seine Anerkennung gezeigt hatte und sogar drei Tage, seitdem Punyaa ihn überschwänglich begrüßt hatte.
Die letzten beiden Etappen hatte er zwar nicht in den Top-Five abschließen können, doch war es ihm endlich gelungen die Zwischensprints zu gewinnen. Morgen durfte er also endlich das grüne Trikot tragen, wenn sie die 160 Kilometer von Vittel hinauf zur Planche des belles filles fahren würden.
Er war schon ganz aufgeregt, wenn er nur daran dachte, welche Strategie sich Max und die Bismarck Bells überlegen würden, um ihren Sprint-Star die letzte Steigung hinaufzuziehen. *Würden sich diesmal die Kletterer des Teams bewähren, oder biss sich Dracula auch morgen wieder bis an die Spitze durch?*
Olav wusste, dass bei einer Bergetappe vor allem Morten und Ebbe ihren großen Auftritt hatten. Er selbst konnte nach der Leistung der letzten Tage durchaus zufrieden sein und sich während des Anstiegs mental auf übermorgen vorbereiten, wenn es auf der sechsten Etappe von Vesoul nach Troyes weitestgehend über flaches Terrain ging.

Zu der mentalen Vorbereitung gehörte auch, dass sich ein Olav Olsen ab und zu einmal etwas Gutes gönnte. Es war schon spät und die meisten Radsportler, die ebenfalls in dem großen Thermen-Hotel in Vittel untergebracht waren, träumten bereits süße Träume.

Sein süßer Traum war allerdings noch wach. Im schwachen Licht der Straßenlaternen, das durch die Fenster schien, konnte er den stechenden Blick des Anderen zwar kaum noch erkennen, doch er wusste, dass dieser ihn fixierte. Auch sein Blick ruhte auf ihm und inspizierte jedes Detail seines durchtrainierten Körpers.
Olav kam einen Schritt näher. Der Andere ließ sein Handtuch fallen und schmiegte sich an ihn. Nackte Haut traf aufeinander. Ihre feuchten Zungen vereinten sich zu einem heißen Spiel. Während Olav das kurzgeschorene Haar streichelte und an der Unterlippe des Anderen saugte und biss, konnte er spüren, wie sich dessen Glied aufrichtete. Hart rieb es sich an ihm, und als er seinen Oberschenkel zwischen die Beine des Anderen drückte, entwich ihm ein Stöhnen.
Olav löste den Kuss und blickte dem Anderen in die glasigen Augen. Die langen Haarsträhnen fielen ihm verschwitzt ins Gesicht und der offene Mund, aus dem feuchter, stoßweiser Atem drang, verlieh dem sonst so verwegenem Japaner einen sinnlichen Ausdruck.
Nobuhiko hob die zitternden Hände und fuhr die Konturen von Olavs Gesicht nach. Olav hatte zwar keinen Bart, doch hatte er sich irgendwann einmal dafür entschieden, sich Koteletten wachsen zu lassen, damit er nicht mehr ganz so naiv aussah wie der Junge, der sich nie an den Zimtschnecken seiner Mutter satt essen konnte.
Ein Schauder durchfuhr Nobuhikos Körper, als Olav erneut mit dem Oberschenkel gegen dessen Glied drückte. Er selbst war ebenso erregt wie sein Rivale, doch wollte er auf keinem Fall derjenige sein, der zuerst nachgab.

Er wollte es hören. Wollte, dass Nobuhiko wie zuvor trotzig seine Lippe hervorschob und zur Seite blickte. Wollte sehen, wie sich seine Stirn kräuselte, während er letztendlich mit geröteten Wangen ein leises *„Fick mich"* herauspresste. *Er sollte es sagen.*
Wieder versenkte er seine Zunge in der feuchten Mundhöhle des Anderen, während seine Hand langsam nach unten wanderte und ohne große Umschweife dessen Penis ergriff. *Sag es endlich.*
Nobuhikos Wangen nahmen eine dunkelrote Farbe an. Selbst wenn er es sagen wollte, unter Olavs Berührungen brachte er nur Gestöhne hervor. Die Hände lösten sich von Olavs Gesicht und er ließ sie ebenfalls nach unten wandern. Sanft streichelte er dessen Schultern, den Nacken, die Oberarme, bis schließlich…

„AUA, PASS DOCH AUF!"

Olav riss die Augen auf und konnte die Tränen nur schwer unterdrücken. Das künstliche Licht stach in seinen Augen. „'tschuldigung, war das zu fest?" Olav gab ein gequältes Seufzen von sich und ließ den Kopf wieder in sein Kissen sinken. Eigentlich dachte er, dass die Schmerzen in seinem rechten Ellenbogen schon lange hätten abgeklungen sein müssen, doch der Masseur hatte es doch tatsächlich geschafft, genau an der Stelle zu drücken, die in ihm die Erinnerung an postoperative Schmerzen weckte.
Da war er hin, sein schöner Tagtraum, in dem er Nobuhiko auch außerhalb der Rennstrecke zeigte, wer die Nase vorn hatte. Er versuchte sich das Bild wieder ins Gedächtnis zu

rufen, doch der Masseur fuhr erneut die schmerzhafte Muskelpartie ab, die Olav scharf die Luft einsaugen ließ.
„Der Muskel ist total verhärtet, Olav. Denkst du, du kannst dich mal aufrichten, damit ich einen anderen Winkel ansetzen kann?“
Nein, konnte er nicht. Außer er drückte noch an weiteren Schmerzpunkten herum, die das Feuer in Olavs Lenden noch schneller abkühlen ließen. Olav murrte leise und schüttelte den Kopf.
Alvar, der Physiotherapeut der Viking Spades, konnte ein Schmunzeln nicht unterdrücken. „Na gut, wie du willst.“
Er widmete sich stattdessen Olavs rechtem Unterschenkel und massierte sich langsam bis zum Knie empor. Als er an der Außenseite angekommen war, entglitt Olav erneut ein Schmerzensschrei.
„Ist das dein Ernst?“ Olav sprang auf und setzte sich auf die Liege. Alvar musste zur Seite springen, um nicht dessen Fuß ins Gesicht zu bekommen.
Olav schmollte und rieb sich das schmerzende Knie. „Ich frage mich ja echt, für was die dich überhaupt bezahlen. Ich dachte du bist Masseur und kein Schlächter!“ Seine braunen Augen blickten erst grimmig drein, doch dann fing er doch an zu lächeln und der Blick entspannte sich. „Da denkt man erst, man kommt gleich in den Himmel und dann schickst du einen mit einem kurzen Fingerstreich im nächsten Moment direkt in die Hölle!“
Alvar griff erneut nach Olavs rechter Hand und tastete sich langsam nach oben. „Keine Angst, das war schon mal schlimmer verhärtet. Heb mal den Arm und versuche ihn ganz locker zu lassen.“

Die Stimme des Masseurs war so entspannend, dass auch Olav sich problemlos gehen lassen konnte. Wie sonst wäre es auch möglich gewesen, dass er während der Massage … reden wir nicht drüber.
Das erotische Bild war verpufft wie eine Seifenblase und Olav wusste nicht einmal mehr, warum er sich ausgerechnet Nobuhiko vorgestellt hatte. Es hätte genauso gut auch Punyaa sein können. Oder das australische Surfer-Model aus der Anzeige von den Sport-Drinks.
Wieder dieser Schmerz. Er kniff die Augen zusammen und versuchte den Arm so gut es ging locker zu lassen. Schon kurz darauf konnte er spüren, wie sich unter den festen Streichbewegungen Alvars der Muskel lockerte.
„Na also, du hast den Ausflug in die Hölle überlebt!" Alvar legte seine Hände noch einmal auf Olavs Schultern und drückte leicht zu. „Alles noch am rechten Platz und in Topform. Wenn du es morgen etwas ruhiger angehen lässt, ist auch die leichte Überreizung im Knie beim nächsten großen Sprint wieder abgeklungen. Und jetzt," er warf ihm seinen Bademantel zu, „schicke ich dich erst einmal in die Sauna, damit deine Muskeln ordentlich Wärme abbekommen. Aber nicht länger als 15 Minuten, okay?"

Olav erhob sich träge aus dem Bett und schlüpfte in den weißen Frottee-Bademantel, auf den der Name des Hotels und vier Sterne gestickt waren. Alvar öffnete ihm die Tür und schickte ihn raus auf den kühlen Hotelgang. Draußen wartete schon Matti auf seine Behandlung.
„Und, war es entspannend?" Die Zahnlücke blitzte auf.
Olav zuckte mit den Schultern. „Wie man es nimmt. Alvar

tut immer erst so freundlich und nett und ist gut zu dir. Und dann, wenn du so richtig schön entspannt bist und so langsam ins Reich der Träume hinübergleitest, holt er sein Fleischermesser heraus und schickt dich direkt in den tiefsten Schlund der Hölle!"

Mattis Lächeln erstarb. Der Stimmungswandel kam so plötzlich, dass Olav sich ein Lachen nicht verkneifen konnte.

„Nein, Alvar macht seine Arbeit wirklich gut!" Er steckte die Hände in die Taschen des Bademantels und machte sich auf den Weg zur Sauna. „Und ich hoffe wirklich, dass er den Job noch lange machen kann... Ja..."

Matti wusste ganz genau, was Olav meinte. Wie Haakon es vor Beginn der Tour gesagt hatte: *Die Kacke war so richtig am Dampfen.* Er öffnete die Tür zum gemeinsamen Zimmer. Alvar war gerade dabei sich im Bad die Hände zu waschen.

Matti wandte sich noch einmal an Olav, der mit hängenden Schultern den Gang zur Sauna hinunterschlurfte. „Ich," rief er ihm nach, „hab ganz bestimmt nicht vor, dass mein erstes Jahr bei den Viking Spades auch mein letztes Jahr sein wird!"

Olav blieb stehen und drehte sich noch einmal um. Matti hatte erwartet, dass dieser ein trauriges Gesicht machen würde, doch der brünette Sprint-Star zwinkerte ihm zu und hob den Daumen: „Das habe ich auch nicht vor!"

Wieder blitzte Mattis Zahnlücke auf. Er nickte Olav zu und schloss die Tür. Hinter ihm wartete auch schon Alvar, bereit ihm den Bademantel abzunehmen. „Und, bereit für deinen Ausflug in die Hölle?"

Olav hängte den Bademantel zu den anderen und warf sich sein Handtuch über die Schultern. Wenn es um Saunieren ging, hatte er sein Schamgefühl schon lange abgelegt. Zu oft musste er mit seinen finnischen und schwedischen Kollegen in die Sauna gehen. Zu oft war er schon nackt im tiefsten Winter nach draußen gegangen, um sich von Sven oder Lars nach dem Saunagang mit Birkenzweigen schlagen zu lassen – auch wenn er es eigentlich ziemlich unangenehm fand. Aber was tat man nicht alles nach ein, zwei, drei oder vier Bier…

Der Geruch nach Kiefernharz trieb ihm die Tränen in die Augen. Eine Wand aus Hitze schlug ihm entgegen, kaum dass er die Tür der Sauna geöffnet hatte. Er konnte nichts sehen und breitete sein Handtuch daher auf der erstbesten Holzbank aus, gegen die er mit dem Schienbein stieß.

Selbst mit Handtuch unter seinem Allerwertesten konnte er noch die Wärme spüren, die von den Dielen ausging. Er wischte sich über die nassen Augen und versuchte sich zu entspannen. Tief atmete er die heiße Luft ein und genoss das Gefühl, als der herbe Duft von Harz ihn durchströmte. Schon bald lockerten sich seine Muskeln und der Schweiß drang aus seinen Poren. Olav streckte sich ausgiebig und ließ sich auf den Rücken fallen. Als er es sich im Liegen auf der Holzbank bequem gemacht hatte, schlug er die Augen auf – und war mit einem Mal hellwach.

Über ihm sah er etwas, womit er so nicht gerechnet hatte. Na gut, eigentlich hatte er schon damit gerechnet, dass er

in einem eigens für die Tour de France angemieteten Spa-Hotel in einer Männersauna der eine oder andere Penis vor seinen Augen erscheinen würde. Doch nicht DER. Und auch nicht SO GROSS.
Der blasse Chinese musterte ihn schweigend. Keine Regung war auf dessen Gesicht zu sehen, obwohl er sehr wohl gemerkt haben musste, dass Olav sich beim Anblick seines Gemächts erschrocken haben musste. Sein Kollege, der etwas weniger gut bestückt war, sagte etwas auf Chinesisch.
Olav verstand kein Wort und drehte sich peinlich berührt auf die Seite. Die Kohlen knisterten leise, während sich die beiden Sprinter der Diamond Dragons in ungewöhnlichem Singsang unterhielten.
Olav wusste nicht, worüber sie redeten. Sie hätten sich genau in diesem Moment über ihn lustig machen, oder auch einfach nur über Ente süßsauer nach Peking-Art reden können.
Er setzte sich auf und strich sein Handtuch auf der Bank glatt. Das Gespräch verstummte und peinliche Stille breitete sich aus.
Er war es. Er war es wirklich! Hintern Nummer Vier – oder einfach nur: Peng Li, 22 Jahre alt und der Gewinner der letzten Etappe. Derjenige, der dem Seitenwind getrotzt und Max Mustermann eiskalt das gelbe Trikot entrissen hatte, da er am Ende mit großem Vorsprung vor dem Deutschen ins Ziel kam.
Peng Li, derjenige, der einen langen asymmetrischen Stufenschnitt trug, den er gewöhnlich zu einem Zopf zusammenband. Und vor allem der Peng Li, der einen wirklich beeindruckenden Schwanz zwischen den Beinen hatte.

Olav wusste, dass sich dieser gerade genau neben seinem Kopf befinden musste. Er wagte es nicht, sich auch nur einmal umzudrehen, obwohl er diesem Reflex liebend gerne nachgegeben hätte.
Das konnte doch nicht möglich sein! Dabei sagte man doch immer, dass Asiaten viel kleinere Schwänze hatten, als Europäer! Aber wenn man so seine Füße betrachtete… Die waren auch nicht gerade klein. Alles an diesem Mann war irgendwie groß. Sehr groß…
Plötzlich standen Li und sein Teamkollege auf. Der Andere hatte schmale Schultern und lockiges, kurzes Haar. Alles an ihm war so feingliedrig, dass er auch als Frau hätte durchgehen können. Als Frau ohne Brüste und mit einem kleinen Gehänge zwischen den Beinen, während das von Li…
SCHEISSE! Er hatte schon wieder hingesehen!
Schweigend wickelten sich die beiden Chinesen ihre Handtücher um die Hüften und verließen die Sauna.
Olav wollte etwas sagen, doch ein dicker Kloß steckte in seinem Hals. Erst als kühle Luft von draußen hereinströmte und Li die Tür wieder schließen wollte, fand er seine Stimme wieder. „Herzlichen Glückwunsch zum Gewinn des gelben Trikots!"
Li sah ihn ausdruckslos an.
Schweigen.
Hätte Olav nicht ohnehin schon geschwitzt, wäre nun der Moment gekommen gewesen, an dem er wirklich in Schweiß ausgebrochen wäre.
Was ging in diesem Mann nur vor?
Olav wandte den Blick ab und zupfte an seinem Handtuch. Auch Li wandte sich von ihm ab.

Doch kurz bevor sich die Holztür wieder schloss, glaubte Olav doch noch dessen Stimme zu vernehmen.
„Danke."

Das Büffet des Hotels war so üppig, dass Olav sich nun schon den fünften Teller mit verschiedenen französischen Spezialitäten füllen konnte und immer noch nicht alles probiert hatte. Das heutige Rennen hatte ihn hungrig gemacht und er schlang gierig alles herunter, was nur irgendwie nach Essen aussah.
Dabei war die französische Küche nicht mal so gut. Er verstand nicht, warum die ganze Welt immer sagte, dass man „wie Gott in Frankreich" speiste, denn die Franzosen schafften es ja nicht einmal, eine ordentliche Soße zum Fleisch zu kredenzen. Vor allem nicht, wenn die Köche eigens von der Tour engagiert wurden, um spezielle Menüs für die Rennfahrer zu kochen, denen es zwar nie an Proteinen und Nährstoffen mangelte, oft jedoch an Pep.
Diese Suppe, die sie Soße nannten, verfing sich in Mortens Bart und tropfte von dessen Kinn. Der Däne fluchte leise und wischte sich mit der Stoffserviette den Schoß sauber.
„Noch jemand, der jetzt gerne einen richtig schönen Burger und Fritten spachteln würde?"
Die versammelten Viking Spades brachen in schallendes Gelächter aus und prosteten sich mit Wasser zu. Alkohol war an solchen Renntagen zwar nicht verboten, doch für Profi-Sportler wie sie war es ein Unding, die eigene Leistungsfähigkeit durch ein Glas Bier oder Wein zu vermin-

dern. Olav fühlte sich in Anwesenheit seiner Freunde gleich viel wohler, als alleine in der Sauna mit zwei Chinesen. Wieder hatte er Lis ausdrucksloses Gesicht vor den Augen und wieder wurde das Bild zu dessen großem Penis. Olavs Wangen nahmen darauf die Farbe vom Erdbeermousse auf seinem Teller an.
Himmel, Arsch und Zwirn! Er war Profi-Radfahrer und kein 16-jähriger Schüler im Sportzentrum mehr, der beim Anblick seiner Freunde beim Umziehen einen Steifen bekam!
Er musste ganz schnell an etwas Anderes denken.
Ja, gut so, Olav, denk an Draculas schiefe Eckzähne, genau.
An Max Mustermann war einfach nichts für ihn attraktiv. Max war einfach nur Max. Ein ernstzunehmender Sprinter. Nicht mal dessen Hintern machte ihn an, wenn der sich davonzustehlen drohte.
Ja, Max war…
„Olav, hallo-hoo!" Jemand umarmte ihn von hinten. Olavs Löffel fiel klirrend auf den Teller.
„Punyaa, du?" Zur Bestätigung schmiegte sich der schwarze Lockenkopf noch enger an ihn und die Haare kitzelten Olav an der Wange.
„Du bist heute ganz schön schnell abgehauen!" Endlich ließ er ihn los und stellte sich an die Seite des Tischs. „Wie schön! Morgen tragen wir beide Grün! Ich freue mich so für dich!" Er klatschte in die Hände.
Jedem anderen hätte Olav diese Worte nicht abgenommen, doch Punyaas bernsteinfarbene Augen strahlten Aufrichtigkeit aus. Olav griff wieder nach dem Löffel und schob sich weiteres Erdbeermousse in den Mund.
„Mmmpf, danke."

Kirschrot. Nicht mehr Erdbeermousse-farben.

„Aber das war noch nicht alles, was ich dir sagen wollte!"

Er winkte kurz und zwei weitere Gestalten in weiß-grünen Trainingsanzügen gesellten sich zu ihm.

Punyaa nickte und stemmte die Fäuste in die Seiten. „Ich wollte die Gelegenheit nutzen und dir unsere beiden Top-Kletterer vorzustellen. Morgen werden du und deine Wikinger leider keine Gelegenheit haben, die beiden näher kennenzulernen, da sie dann schon weit vor euch fahren werden."

Ebbe sprang auf. „Was? Das wollen wir doch mal sehen!"

Er wollte den drei ShamroClovers einen giftigen Blick zuwerfen, doch der Anblick der beiden Kletterer machte ihn stutzig. „Zwillinge?"

Punyaa nickte und deutete auf den rechten der beiden, der die rotblonden Haare wild und ungezähmt trug. „Das ist Andy O'Connor."

Andy nickte und grinste zuversichtlich. „Hi!"

Punyaa deutete auf den anderen Zwilling. „Und das ist Frank O'Connor."

Frank, der die Haare glatt und gerade geschnitten trug, nickte schüchtern. „Hallo zusammen."

Olav musterte die beiden. *Andy hatte eher das Aussehen eines wilden Sprinters und Frank … dem konnte man höchstens die Fütterung der Tiere im Streichelzoo zutrauen, als ihn für einen begnadeten Kletterer zu halten.*

Doch irgendetwas hatten die beiden, das Olav einen kalten Schauer bereitete. *War es die tiefe Zuversicht und innere Ruhe, welche von den beiden ausging? Oder doch nur die bloße Tatsache, dass eineiige Zwillinge im Profi-Sport nicht gerade die Regel waren?* Die Frage ließ ihn während des ganzen Abends nicht los. Und erst, als er sich die Zähne putzte und in seine braunen Augen im Spiegel blickte, fiel ihm wieder ein, warum ihm die Zwillinge so seltsam vorgekommen waren: es lag an den Augen.

Franks linkes Auge war grün gewesen, während sein rechtes Auge blau war. Andy wiederum hatte ein linkes blaues Auge und ein rechtes grünes Auge. Beide waren eineiige irische Zwillinge mit rotblonden Haaren, vielen Sommersprossen – und Heterochromatie.

Tour 4: Das „Glück" der Iren

Der heutige fünfte Juli war ein perfekter Sommertag. Strahlend blauer Himmel, die Zikaden zirpten in den Büschen und Bäumen. Die Banner und Fahnen flatterten im lieblichen Sommerwind, der den Geruch von Wildnis und Bergwiesen mit sich trug.

Ja, so dachte sich Mamoru Mitsubishi, seines Zeichens Anführer der renommierten Japanese Jokers, die garantiert nicht von Autoherstellern gesponsert wurden, *heute war der perfekte Tag, um erfolgreich zu sein.*

Er streckte sich ausgiebig und musterte sich darauf noch einmal im Spiegel. Sein kastanienbraunes Haar, an das er nur den besten Friseur Tokios heranließ, lag auch heute wieder perfekt.

Zu schade, dass man beim Fahrradfahren nur immer einen Helm tragen musste!

Er lächelte noch einmal seinem Spiegelbild zu, dann trat auch er hinaus aus dem Teambus, um diesen perfekten Sommertag mit seinem wunderschönen Antlitz zu beglücken. „Und? Sind alle Mann bereit für die heutige Mittelgebirgsetappe?"

Niemand antwortete ihm. Yoshiki, das 18-jährige Sprint-Wunder, summte leise vor sich hin, während er sich auf seinem Rennrad aufwärmte. Auch Nobuhiko, der mit einem viel zu fragilen Geduldsfaden auf die Welt gekommen war, reagierte nicht und vollzog seine Aufwärmroutine, während er in ein Hörbuch vertieft war.

Mamoru zuckte mit den Schultern und schwang sich in den Sattel seines Rades, dessen Hinterrad man ebenso auf einem Ständer fixiert hatte. Auch ihn hatte es seit der Überfahrt aus dem Hotel in Vittel in den Zehen gekribbelt und

er war wirklich motiviert, auch heute wieder sein Bestes bei der Tour de France zu geben.
Jun Yamaha, sein ruhiger Assistent und das heimliche Gehirn des Teams, klappte seinen Notizblock zu und rückte seine Brille zurecht. Wann immer ein Rennen stattfand, tauschte er diese gegen eine getönte Sportbrille, die ihn noch intellektueller wirken ließ als ohnehin schon.
Soeben hatte er ein Interview mit dem japanischen Fernsehen beendet, welches ein kurzes Statement zur heutigen Etappe für die 22-Uhr-Nachrichten von ihm hören wollte. Jun verlor sich nicht in Floskeln und legte klipp und klar das Tagesziel fest, welches der Teambetreuer Kenjirou Toyota ihnen lang und breit im Hotel erklärt hatte: die Kletterer Daisuke und Keisuke dabei unterstützen, damit diese am Ende die Ersten sein würden, die den Gipfel und damit das Etappenziel bei La planche des belles filles erreichten.
Gerade waren die beiden ebenfalls mit einem kurzen Fernseh-Interview beschäftigt. Daisuke, ein ebenfalls ruhiger und gefasster Typ, überließ Keisuke die meiste Zeit das Reden und nickte immer nur zustimmend. Keisuke hingegen war aufgeschlossen und kommunikativ, auch wenn sein schräger Pony, der meistens das rechte Auge überdeckte, anderes vermuten ließ.
„Sag, Jun, ist das nicht schön, dass die beiden langsam warm miteinander zu werden scheinen?" Mamoru absolvierte seine Aufwärmübung noch bei einer niedrigen Umdrehungszahl, während Yoshiki bereits schneller unterwegs war und ins Schwitzen kam.
Jun nickte und legte den Notizblock auf einen der Campingtische, die wie allerhand Fahrradzubehör ebenfalls zum

Equipment des Teams gehörten. Auch für ihn war es an der Zeit, sich langsam warmzumachen. Doch zuvor…

„Mamoru…“ Eine flüchtige Augenbewegung gab dem Anführer der Japanese Jokers zu verstehen, was sein Assistent meinte. Der Brünette lächelte amüsiert. Um das Absperrgitter hatte sich bereits eine Traube an japanischen Fans versammelt, die mit ihren Smartphones Fotos knipsten und aufgeregt miteinander plauderten.

„Zeit für die Show, was?“ Jun bejahte. Mamoru drosselte das Tempo und klinkte seine Stollen aus den Pedalen aus. Schwungvoll stieg er aus dem Sattel und ging ein paar Schritte auf die Fans zu, um ihnen zuzuwinken.

Doch plötzlich… „Ah, mir ist so schwindlig!“ Theatralisch legte Mamoru die Hand auf die Stirn. Seine Knie gaben langsam nach und er drohte hinzufallen. Doch Jun, sein treuer Assistent war zur Stelle und fing ihn mit seinen starken Armen auf.

„Ah, Jun!“ Mamoru schmiegte sich schwach und hilflos an die Brust des Brillenträgers.

„Mamoru! Ist alles in Ordnung mit dir?“ Er griff ihm mit der Hand unter das Kinn und streichelte ihm sanft über die Wange.

„Ach, Jun, mein Liebster, alles Bestens, nur diese Hitze!“ Mamoru schlug die Augen nieder. „Doch wenn du bei mir bist, dann fühle ich mich gleich viel besser.“

Die Fans begannen unruhig zu werden.

„Hier, nimm einen Schluck aus meiner Wasserflasche!“ Mit zitternden Händen nahm der Brünette die Sportflasche entgegen, doch bevor er damit seine Lippen benetzte, sah er Jun mit schüchternem Blick an. „Aber Jun, das geht doch

JOKERS
JOKERS

nicht. Wenn ich jetzt aus dieser Flasche trinke, dann…“ Die Fans begannen zu kreischen. Das Geräusch von Kamera-Auslösern wurde mehr und mehr.
„…dann ist das ja wie ein indirekter Kuss!“ Mamoru löste sich umständlich von Jun und wandte sich beschämt ab. Während er die Flasche fast schon in Zeitlupentempo an seine Lippen führte, fielen im Hintergrund reihenweise die Mädchen in Ohnmacht.
Mamoru schüttelte den Kopf. „Jun, wir beide können das nicht machen! Ich bin verheiratet!“ – „Und ob!“ Jun drängte sich plötzlich von hinten an ihn und schlang seine Arme um ihn. Er legte seine Hand auf Mamorus und führte die Flasche zu dessen Mund. Mamoru errötete künstlich.
„Keine Frau der Welt wird mir jemals das Wasser reichen können. Mamoru, lass dich scheiden, nimm mich!“ – „Ah, Jun!“ Die Art, wie er aus der Flasche trank, hatte etwas unerhört Sinnliches an sich.
„Jetzt haltet doch mal die Klappe!“ Nobuhiko riss sich die Kopfhörer herunter und spie aus. *Jedes Mal dasselbe Theater mit den beiden! Kaum waren die Fans in der Nähe, zogen Mamoru und Jun wieder ihre medienwirksame Boys Love Show ab. Diese endete immer, dass Mamoru, der wirklich ganz und gar nicht schwul und definitiv wirklich verheiratet war, sich wie der reinste weinerliche Uke aufführte, dabei war es in Wirklichkeit genau andersherum und Jun eher der sensible Typ.*
Sowieso war diese ganze Uke-Seme-Geschichte ganz großer Quatsch und diente nur dazu, um Frauen in Boys Love Geschichten einen Identifikationspart zu geben, der wie sie immer die Beine breitmachte und das Ding in sich aufnahm. In

Wirklichkeit gab es nämlich keinen Mann, der gerne einen Schwanz in seinem Arsch stecken hatte. Das musste doch tierisch wehtun!

„Sowas macht doch keiner!“ Nobuhiko sagte das mehr zu sich selbst, als zu den anderen und schaltete einen Gang nach oben, um seine Muskeln noch weiter auf die heutige Etappe vorzubereiten.

Er senkte den Kopf. „Keiner…“

Ein Schweißtropfen perlte von seiner Nasenspitze, die ganz rot geworden war. Er wusste, dass er vor drei Tagen etwas absolut Unerhörtes getan hatte und wusste nicht mehr, was ihn dabei geritten hatte.

Er hatte Olav Olsen seine Liebe gestanden, nachdem dieser ihn auf der Zielgeraden in Lüttich auseinandergenommen hatte.

„Jitsu ha, ore ha Olav no koto ga suki. Suki desu, Olav!“ [8]

„Aaaaaaah, Nobu, du bist so ein Idiot!“ Er zog das Tempo an und erhöhte seine Umdrehungszahl stark. „Baka, Baka, BAKA!“ [9]

Wie konnte ihm nur so die Sicherung durchbrennen?

Mamoru und Jun hatten ihr kleines Theater beendet. Der Brünette hob beschwichtigend die Hände. „Immer ruhig mit den jungen Pferden! Wir wollen dich doch auf der letzten Steigung nachher nicht anschieben müssen, Honda-san!“

Nobuhiko trank einen großen Schluck aus der Wasserflasche und spuckte die Hälfte davon zur Erde. „Ich entschuldige mich vielmals, Mitsubishi-san.“

---

8 In Wirklichkeit liebe ich dich, Olav. Ich liebe dich, Olav!

9 Idiot, Idiot, IDIOT!

Er wusste aber ganz genau, dass seine Gedanken erst wieder zur Ruhe kommen würden, wenn er endlich herausgefunden hatte, ob „das da“ wirklich so toll war, wie es in den Mangas immer beschrieben wurde. Und dass er „das da“ gerne mit Olav von den Viking Spades machen wollte, brachte ihn ganz schön durcheinander.

🚲 🚲 🚲

Olav musste niesen. Nicht nur einmal, auch nicht zweimal, sondern ganze fünfmal. Irgendwo in der Nähe mussten gerade ein paar Bäume blühen, deren Pollen unangenehm in seiner Nase kribbelten und seine Augen zum Tränen brachten. Er schnäuzte sich kräftig und widmete seine Aufmerksamkeit wieder der Teamrunde.

„Eigentlich ist es überflüssig, dass ich einem Team von Profi-Radrennfahrern noch einmal erkläre, worauf sie bei einer Gebirgsetappe achten müssen, aber hört trotzdem mal zu.“ Der Himmel der letzten Tage war so strahlend blau gewesen, dass der blonde norwegische Hüne einen leichten Sonnenbrand auf der Nase hatte. Die Sonnencreme, die er heute besonders dick aufgetragen hatte, verlieh seinem Gesicht einen fettigen Glanz.

„Wir werden heute ausnahmslos als Team fahren. Zuerst wechseln sich Lars und Sven mit dem Ziehen ab. Wir wollen das Peloton heute möglichst rasch weit hinter uns bringen, damit Morten und Ebbe nach dem Col des Croix einen strategischen Vorteil haben, um auf den letzten 40 Kilometern noch einmal auszubrechen.“

Die vier Angesprochenen nickten zustimmend.

„Ihr wisst, dass die Steigung im letzten Abschnitt mörderisch sein wird. Also passt bitte gut darauf auf, dass ihr euer Tempo gleichmäßig reguliert." Der letzte Teil war besonders an die Sprinter Olav und Matti gerichtet. „Das Peloton wird wie immer alles daran setzen, uns auf den letzten 70 Kilometern zu verschlingen. Doch wir sind ein starkes Team. Wenn wir in Rotation fahren und bis zur letzten Stunde noch Energien aufsparen, ist uns der Etappensieg sicher."

Olav putzte sich noch einmal die Nase. Donner grollte und am fernen Horizont brauten sich dunkle Wolken zusammen. Er konnte fühlen, wie die Knochen seines rechten Ellenbogens und Unterarms zu ziehen begannen. *Ein böses Omen?*

Wieder schlich sich das Bild der Augen der irischen Zwillinge zurück in sein Gedächtnis. Ihre Namen hatte er schon längst wieder vergessen, aber diese gruseligen zweifarbigen Pupillen und Punyaas Worte waren glasklar in seiner Erinnerung.

Matti sah zum Himmel und scherzte. „Hey, Haakon, wenn nachher etwas runterkommt, dann bekommst du wenigstens nicht noch mehr Sonnenbrand!" – „Und wir müssen heute nicht duschen!", lachte Morten schallend.

Märtha gab ihm darauf einen Klaps auf den Hinterkopf. „Wenn du nicht duschst, dann kannst du heute Nacht im Schweinestall schlafen!"

Olavs ungutes Gefühl war durch das ansteckende Lachen wie weggewischt. „Frauen sind ganz schön gefährlich! Da bin ich ja echt froh, dass ich Single bin!"

Der Wind frischte auf und Olav war zum ersten Mal seit 75 Kilometern froh, dass er sich heute für das lange grüne Trikot entschieden hatte. Er fand zwar, dass ihm die Farbe Gelb um einiges besser gestanden hätte, doch erfüllte ihn das Gefühl von grünem Stoff auf seiner Haut mit Stolz.
Der Seitenwind verfing sich in den Speichen seines Rennrades und es war nicht das erste Mal, dass Olavs Zeigefinger zur Beruhigung nach der Bremse tastete. Lars und Sven taten ihr Bestes, um den Zug der Viking Spades über die schier endlos gewundenen Serpentinen den Gipfel hinaufzuziehen.
Zugegebenermaßen, Olav machten solche Anstiege keinen Spaß. Sie waren langweilig und man kam vergleichsweise langsam voran, obwohl man mit schweren Beinen in die Pedale trat und trat und trat. Im Windschatten von Haakon zu fahren erleichterte den Aufstieg zwar, doch fühlte sich Olav dennoch nicht ausgelastet. Er wollte, dass die Steigung endlich vorbei war, damit er sich wieder nach vorne beugen und in halsbrecherischem Tempo den Abhang hinabsausen konnte.
Doch dann dachte er wieder an Alvars Worte vom Vortag: „Wenn du es morgen etwas ruhiger angehen lässt, ist auch die leichte Überreizung im Knie beim nächsten großen Sprint wieder abgeklungen."
Wenn der erfahrene Physiotherapeut der Viking Spades das so sagte, dann war es besser auf ihn zu hören. Olav schürzte die Lippen und ließ die rechte Hand in die Rückentasche gleiten, um sich ein Sport-Gel herauszunehmen.
Na also! Wenigstens diesmal hatte er aufgepasst und sich Zitronengeschmack eingepackt. Während er an der Tube saugte,

spürte er erste Regentropfen auf seiner Haut. Nicht mehr lange und es würde ein Sommergewitter geben.

„Sag mal, Mamo-chan, muss ich wirklich den ganzen Tag hinter dir herfahren? Mir ist langweilig!“ Auch wenn Olav kein Wort Japanisch sprach, waren die Mimik und die Gestik des 18-jährigen Nachwuchssprinters Yoshiki eindeutig. Auch er langweilte sich zu Tode, weil er auf einer Gebirgsetappe nicht sein volles Potenzial entfalten konnte und seine einzige Aufgabe in der Ausreißergruppe daraus bestand, ebenfalls in Rotation mit den Anderen zu fahren.
„Matsuda-san, morgen lasse ich dich wieder ganz vorne mitfahren.“ – „Jetzt echt?“ Die Augen des zierlichen Sprinters begannen zu strahlen.
Mamoru deutete nach vorne. „Heute sind Daisuke und Keisuke die Stars.“ Der mürrische Daisuke wechselte wie auf Kommando die Position mit Keisuke und überließ es diesem, das Team zu ziehen.
„Aniki!“[10] Yoshiki radelte neben Keisuke. „Sag mal, hast du noch einen von diesen Schoko-Banane-Riegeln übrig?“ Keisuke nickte amüsiert. „Moment… Hier!“ Er reichte dem Jüngeren den Energie-Riegel.
„Das ist mein Aniki! Super-Mega-Spitzenklasse!“ Er ließ sich zurückfallen und reihte sich wieder hinter Mamoru und Jun ein.
Daisuke beobachte die ganze Aktion mit knirschenden Zähnen. „Tse, Aniki…“
Wenn es etwas gab, das er an der Arbeit für die Japanese Jokers absolut nicht ausstehen konnte, dann war es Yoshiki.

10 mein Bro

Der Junge war nicht nur hyperaktiv, sondern auch noch dumm wie Brot.

Warum ließ Keisuke sich von dem nur immer so einlullen?

Wenn er nicht noch einen Vertrag über zwei Jahre bei den Jokers gehabt hätte, dann hätte Daisuke schon längst das Team gewechselt. Doch die Ablöse war geplatzt, nachdem sich die koreanischen South Leaves auf Grund eines Doping-Skandals zerschlagen hatten.

Ein Regentropfen traf seinen Unterarm. Daisuke zog den Reißverschluss seines Team-Jerseys komplett zu. Wenn sich die Bedingungen weiter verschlechterten, dann könnte die heutige Bergetappe noch zur reinsten Rutschpartie werden.

Schöne Scheiße!

„Daihatsu-san, Kawasaki-san!“ Mamorus Stimme wurde fest und ernst. Er warf einen flüchtigen Blick nach hinten und nickte bestätigend. „Es ist soweit. Kaguya-Manöver einleiten.“ Augenblicklich schaltete Keisuke zwei Gänge nach oben und begann zu tänzeln. Er und Daisuke lösten sich vom Rest der Japanese Jokers und preschten die gewundene Straße hinauf. Als Morten und Ebbe dies sahen, zögerten sie ebenfalls nicht lange und zogen das Tempo an. Olav versuchte in der nächsten Kurve einen Blick nach hinten zu haschen. Und war er dort sah, ließ ihn das Blut in den Adern gefrieren: die irischen Zwillinge hatten sich vom Peloton gelöst und jagten in einem mörderischen Tempo den Berg hinauf, als wäre es das Natürlichste der Welt. Andys Gesicht zierte ein breites Grinsen, während Frank die Augen genießerisch halb geschlossen hatten. Frank wechselte nach vorne und Andy heftete sich so nah an ihn heran, dass ihre Hinterräder sich fast berührten.

„Wer hätte damit gerechnet, dass die beiden jetzt schon den Sack zumachen würden?“ Haakon kratzte sich über die rote Nase, auf der sich ein leichter Wundschorf gebildet hatte.
Olav juckte es in den Fingern. Wann immer sich eine Gruppe von Radfahrern ans Ausreißen machte, fühlte er sich fast schon verpflichtet dazu, die Verfolgung aufzunehmen. Doch dann sah er wiederum aus den Augenwinkeln Nobuhiko, der sich ebenso wie er zusammenreißen musste. Berge waren kein Ort für Sprinter. Sie waren gnadenlos und wenn man nicht peinlich genau auf seine Herzfrequenz achtete, dann brachen sie einem das Genick, bevor man überhaupt den Gipfel erstürmt hatte.

Schon bald hatten Andy und Frank das Wikingerduo Morten und Ebbe eingeholt. Morten schlang einen Proteinriegel hinunter und trat daraufhin noch kräftiger in die Pedale. „Die sollen uns überholen? Als ob!“
Er brüllte heroisch und legte sich tief in die nächste Kurve, um anschließend erneut die Umdrehungszahl zu erhöhen. Ebbe folgte ihm auf Schritt und Tritt und versuchte dabei so gut es ging, ihnen die Iren vom Leib zu halten.
Andy und Frank versuchten nach Innen auszuscheren, doch Ebbe war schneller. Andy beschleunigte und attackierte auf der Außenbahn, doch Morten erhöhte das Tempo und brachte wieder ein paar entscheidende Zentimeter zwischen sie. In Mortens Vollbart stand der Schweiß und er schnaufte heftig. Die ersten Regentropfen hatten den Asphalt inzwischen schwarz verfärbt. Es begann nach nasser Erde zu riechen. Sie fuhren an einem Parkplatz vorbei, der mit Campingwagen überfüllt war. Jubelschreie der Fans,

Trillerpfeifen und Trommeln. Die Wikinger, die bereits in Düsseldorf vor dem Start der Tour die Pauken geschlagen hatten, feuerten ihr Team auch diesmal mit Leibeskräften an.
Doch dann wechselte Andy Position mit Frank. Das freundliche Gesicht des jüngeren Zwillingsbruders wurde plötzlich zu einer dämonischen Fratze. Frank tippte mehrmals kurz auf die Gangschaltung, dann erhob er sich aus dem Sattel und beschleunigte stark. Nun waren Morten und Ebbe nicht mehr die Gejagten, sondern die Jäger.

Ein Meter.

Zwei Meter.

Fünf.

Morten jaulte frustriert auf und schlug mit der Faust auf den Lenker. Das irische Zwillingspaar sprintete mit lächerlich hoher Geschwindigkeit davon. Morten schnaufte und keuchte, doch es war vorbei. Ebbe und er hatten das Kletterer-Duell verloren.
„Du bist heute ganz schön gut drauf, mein lieber Frank." Andy lachte und beugte sich noch weiter über den Lenker, um den Luftwiderstand zu verringern.
„Ich fühle mich endlich wieder lebendig, liebster Andy!" Nachdem sie die beiden Nordeuropäer überholt hatten, entspannten sich Franks Gesichtszüge wieder.
„Soll ich übernehmen?", fragte der ältere Zwillingsbruder, doch der jüngere verneinte und wischte sich die Regentrop-

fen aus dem Gesicht. „Bleib hinter mir, bis wir die letzte Steigung erreicht habe. Vor der Ziellinie lasse ich dich laufen.“

So war es immer. Frank, der ruhigere der beiden, mühte sich an vorderster Spitze ab, nur um Andy kurz vor dem Ende die Führung zu überlassen. Andy wurde so immer Erster, Frank Zweiter.

Es war ein unumstößliches Gesetz, das Andy niemals in Frage stellte. Früher hatte er sich oft gefragt, warum Frank so selbstlos war, doch als er ihm einmal den Sieg überlassen hatte und Frank darauf am Boden zerstört war, ließ er die ganze Sache ruhen. Frank tat, was er wollte. Und Frank machte es glücklich, wenn er für Andy da sein konnte.

„Andy?“ – „Hm?“ – „Gibst du mir bitte eine Cola? Ich weiß, dass du in deinem Versorgungsbeutel eine hattest.“ Andy reichte seinem jüngeren Bruder das gewünschte Getränk.

Frank öffnete die Dose, doch anstatt daraus zu trinken, schüttete er die Flüssigkeit in den Straßengraben.

Ein unheimliches Lächeln stahl sich auf Andys Gesicht. „Mein lieber Frank, du wirst doch nicht etwa…“

Frank wandte sich leicht um. „Würdest du bitte übernehmen? Hinter der nächsten Kurve sollte die Abfahrt beginnen.“ Er machte ein Gesicht, als könnte er kein Wässerchen trüben.

„Na wenn mein lieber kleiner Bruder das so will!“ Andy übernahm die Führung und tänzelte die letzte Kurve hinauf, bereit für die Abfahrt und das kommende Duell mit den Japanern. Kaum hatten sie den Hügelkamm hinter sich gebracht, kamen die gelben Jerseys der beiden Ausreißer der Japanese Jokers zum Vorschein.

Während Andy heftig in die Pedale trat und sein Gewicht nach vorne verlagerte, drehte Frank die leere Cola-Dose in der linken Hand. Fast schon lässig hatte er sich über den Lenker gebeugt und passte seine Umdrehungen an die seines Bruders an.
Die Zwillinge bildeten das perfekte Tandem. Jede ihrer Bewegungen war im Einklang, als sie wie ein Blitz in irischen Nationalfarben den Abhang hinunterrauschten. Daisuke brüllte etwas auf Japanisch, Keisuke bejahte und versuchte die Spur zu blockieren.
Doch der irische Zug war nicht aufzuhalten. Andy und Frank schafften es auch diese beiden Kletterer mit Leichtigkeit auszumanövrieren. Schon waren sie auf gleicher Höhe. Frank vergewisserte sich noch einmal, dass nur vereinzelt Zuschauer in der Nähe waren und auch die Rennleitung und das Kameramotorrad keine gute Sicht auf ihn hatte. Dann wisperte er seelenruhig „Bye Bye“ und ließ die Cola-Dose genau vor Keisukes Vorderrad fallen.

Keisuke hatte keine Chance. Die Dose schlug auf. Einmal, zweimal sprang sie auf, dann geriet sie unter seinen Reifen. Bremsen quietschten. Die Dose wurde emporgeschleudert und klapperte gegen Keisukes Knie.
Der Regen hatte den Gebirgspass schmierig werden lassen. Keisukes Vorderrad blockierte. Der Japaner versuchte verzweifelt die Balance zu halten, doch alles ging schnell, so schnell!
Das Hinterrad bäumte sich auf. Keisuke umklammerte den Lenker, doch die Wucht der Bremskraft schleuderte ihn nach vorne. Die Schuhe lösten sich von den Pedalen. Kei-

sukes schwarzbraune Augen waren vor Schreck geweitet. *Nein, nein, nein, nein!*
Doch zu spät. Daisuke hörte nur noch ein lautes Krachen und Klirren hinter sich, während die irischen Zwillinge schon weit in Führung lagen.

Frank lächelte zufrieden. „Hast du das gehört, Andy? KRACH hat es gemacht."
Andy schnalzte mit der Zunge. „Aber Frank, hat man dir denn nicht beigebracht, dass du deinen Müll sammeln und ihn dann in unser Begleitfahrzeug geben, oder zumindest im Umkreis des Versorgungsbereichs entsorgen sollst? Was bist du nur für ein dummer kleiner Bruder!"
Frank spielte den Entrüsteten: „Du musstest mir ja unbedingt deine Cola geben!" Er fing an zu prusten und schon bald brachen sie beide in schallendes Gelächter aus.

Punyaa hatte rechtgehabt. Sie beide waren ein unschlagbares Team von Gipfelstürmern. Sie waren eine Seele in zwei Körpern. Nichts und niemand hatte Platz zwischen ihnen. Und erst recht keine anderen Kletterer.
„Weißt du, was ich am meisten daran mag, wenn wir zusammen an der Spitze fahren?" Frank übernahm wieder die Führung und erlaubte es Andy dadurch, sich etwas auszuruhen.
„Was denn, Frank?" Er musste erst gar nicht auf die Antwort warten, denn er kannte sie bereits.
Wenn sie gemeinsam an die Spitze fuhren, dann war es wieder so, als wären sie noch in der Grundschule. Kleine, unschuldige Achtjährige, die noch keine Ahnung davon

hatten, wie grausam ihre Welt einmal werden würde. Frank lächelte mild und sagte es trotzdem einmal laut. „Dass ich immer bei dir sein darf. Dafür danke ich dir, Andy."

Tour 5: Die Karten auf den Tisch

Nobuhiko war frustriert. Genervt schaufelte er sich eine Gabel Nudeln nach der anderen in den Mund, während er Keisuke dabei zusah, wie er sich eine große Menge Ahornsirup auf seine Pfannkuchen träufelte.

Die Tour war für die Japanese Jokers bisher alles andere als gut gelaufen. Egal wie sehr sich der 21-jährige bisher ins Zeug gelegt hatte, am Ende waren es entweder der deutsche Dracula oder der chinesische Eisblock, die ihm den Etappensieg streitig machten.

Gestern war er dem gelben Trikot so nah wie nie zuvor, nur um dann wieder einmal auf den letzten 50 Metern den Kürzeren zu ziehen. Plötzlich nahmen ihn Max und Li in die Zange, dicht gefolgt von Olav, der das grüne Trikot bisher eisern verteidigt hatte.

Wieder trat und trat und trat er in die Pedale. Wieder schien ihm sein Herz aus der Brust zu springen. Wieder hatte er das Gefühl, dass seine Lunge bei jedem Atemzug in Feuer aufging. Und trotzdem wollte es einfach nicht reichen und Dracula gewann schon wieder! *Verdammte Scheiße!*

Er spülte die letzten Nudeln mit einer halben Tasse Kaffee hinunter und griff anschließend nach dem Teller Waffeln, auf die er ausgiebig Schlagsahne sprühte.

„Gib mir mal den Ahornsirup!“, forderte er Keisuke barsch auf.

Als dieser ihm schweigend die Flasche reichte, fiel Nobuhikos Blick auf die blauen Flecke und Schürfwunden an Keisukes rechtem Unterarm. Auch der andere Arm und die Knie waren mit Blessuren übersehen, doch zum Glück hatte der medizinische Check nach der vorletzten Etappe keine ernsteren Verletzungen feststellen können.

„Kawasaki-san, du siehst echt scheiße aus." Keisuke zuckte mit den Schultern. Er war es gewohnt, dass Nobuhiko nicht gerade für seine bedachte Wortwahl bekannt war.
Auch an der Wange hatte er Schürfwunden und seine Unterlippe war noch immer geschwollen. „Immerhin konnte ich nach dem Sturz noch weiterfahren."
Er versuchte zu lächeln, doch dank der Blessuren wirkte es eher schaurig als nett. „Ich verstehe auch nicht, wie das passieren konnte. Irgendein Zuschauer musste wohl seinen Müll verloren haben. Hätte ich besser aufgepasst und mich nicht von den Zwillingen ablenken lassen, dann wäre es auch nicht so weit gekommen."
Es erfüllte ihn mit Bitterkeit, wenn er daran zurückdachte, wie sie Andy das gepunktete Trikot angelegt hatten, kurz nachdem er sich nur notdürftig ärztlich versorgt ins Ziel geschleppt hatte.
Dabei hatten sie sich so eine gute Ausgangsposition erarbeitet! Doch am Ende hieß es: Platz 2 – Frank O'Connor, Platz 3 – Morten Menigmand. Sogar die bisher eher unauffälligen Kanadier und Schweizer hatten sich noch einen Platz vor den Japanese Jokers sichern können, bevor Daisuke jenseits der 20er endlich die Ziellinie überfuhr.
Auch der nächste Tag war für sein Team frustrierend. Max Mustermann hatte erneut das gelbe Trikot erobert. Nun war es schon der siebte Tag und damit die siebte Etappe der Tour, ohne dass bisher auch nur ein Japaner ein merkliches Erfolgserlebnis hatte.
Am Nachbartisch herrschte wieder einmal blendende Stimmung. Die Viking Spades scherzten in ihrem seltsamen Kauderwelsch aus Englisch und Dänisch, in das sich hin

und wieder einmal ein norwegisches oder finnisches Wort verirrte. Im Gegensatz zu den Japanese Jokers gehörten die Viking Spades nämlich den unterschiedlichsten skandinavischen Nationen an und mussten alle ihre Sprachen unter einen Hut bringen.

Punyaa Boonmee, der Thailänder, der bei den irischen ShamroClovers unter Vertrag stand, gesellte sich zu der lustigen Runde und umarmte Olav stürmisch. Sofort wurde aus dem Kauderwelsch klares Englisch und Keisuke konnte den einen oder anderen Brocken davon erhaschen.

„Olav, gestern warst du schon wieder viel zu schnell weg! Ich dachte eigentlich, wir könnten uns endlich einmal in Ruhe unterhalten!" Dem brünetten Dänen war die Zuneigung Punyaas ziemlich unangenehm, vor allem, weil er gerade einen Smoothie trinken wollte und diesen dabei fast verschüttet hätte.

Er hustete und wischte sich den Mund ab. Rote Flecken hatten sich auf seinen Wangen gebildet. „Erschrick mich doch bitte nicht immer so!"

Punyaa rückte einen freien Stuhl zurecht und setzte sich neben Olav. „Aber wann sollen wir uns denn sonst unterhalten, wenn nicht jetzt? Abends verschwindest du ja auch immer viel zu schnell ins Bett."

Wieder wanderte seine Hand an Stellen, an die sie nicht hingehörte. Olav zuckte zusammen, als er Punyaas warme Finger auf seinem Oberschenkel spürte, doch er sagte nichts und versuchte weiter zu frühstücken.

Punyaa nahm sich einen Apfel, der in einem Obstteller auf der Mitte des Tisches lag und biss herzhaft hinein. Unter der Tischdecke wanderte seine Hand weiter nach oben.

Olav konnte spüren, wie ihm das Blut in die Ohren schoss. *Das konnte doch nicht dessen Ernst sein! Er würde doch nicht hier und jetzt…*

Ihm wurde schwindlig und er versuchte sich abzulenken, indem er sich ein weiteres Brötchen schmierte.

„Und? Habe ich eigentlich zu viel versprochen? Unsere Zwillinge sind doch wirklich goldig!“ Der thailändische Wirbelwind tat so, als könnte er kein Wässerchen trüben.

„Goldig?“ Morten zischte und schlug mit der Faust auf den Tisch. „Monster sind das!“

Olav zitterte. *Oh-oh, wenn das so weiterging, dann würde er gleich nicht mehr aufstehen können. Er musste etwas tun, schnell, sonst wurde er noch…*

„Ach was, Andy und Frank sind die reinsten Engel! Die beiden sind erst Neunzehn, aber so diszipliniert und fleißig! Alles, was sie anpacken, wird zum Erfolg!“

Olav ließ das Messer fallen. Es rutschte von der Tischkante und klirrte zu Boden. „Sorry, ist mir wohl aus der Hand gerutscht!“ Er rückte etwas zur Seite und beugte sich dann nach unten.

Puh, noch einmal Glück gehabt! Er wollte das Messer aufheben, doch jemand anderes war schneller.

„Hier.“ Wortkarg reichte ihm Li das Besteck.

Olav erbleichte schlagartig. Den Ass-Sprinter der Diamond Dragons schien ihn mit seinem Blick zu durchbohren. „D-danke.“

Lis Schweigen verursachte in Olav Unbehagen.

Was ging nur in diesem Menschen vor? Hatte er bemerkt, was Punyaa gerade versucht hatte? Hielt er ihn jetzt für vollkommen notgeil und übergeschnappt, weil er sich am hellichten Tag

unter der Tischdecke befummeln ließ?
Er schluckte. „Ich hoffe, dass wir uns heute wieder ein gutes Duell liefern werden, Li!“
Der Chinese brummte irgendetwas. Olav verstand kein Wort, doch der stechende Blick fixierte ihn noch immer. Dabei fiel ihm auf, dass Li zwei Muttermale unter dem rechten Auge hatte. Er konnte sich nicht daran erinnern, dass er auch auf dem Körper Leberflecke hatte. Aber eigentlich hatte er in der Sauna gar nicht so genau hingesehen.
„Ich denke, ich werde dann mal nach den Anderen sehen! Die sind bestimmt schon dabei, ihre Sachen in den Bus einzuladen!“ Punyaa sprang auf, doch bevor er sich davonstahl, nahm er sich noch mehrere Bananen und Äpfel aus dem Obstkorb.
Li wandte sich ab und machte sich ebenfalls auf den Weg. Er und sein Teamkollege wechselten ein paar Worte auf Chinesisch.
Olav atmete erleichtert durch. Außerhalb der Rennstrecke fühlte er sich oft etwas unbeholfen. Zudem war es noch nie vorgekommen, dass jemand so offensichtlich wie Punyaa auf Tuchfühlung mit ihm ging. Meistens war er derjenige, der den ersten Schritt unternahm.
Er wollte gerade das Glas ansetzen und einen weiteren Schluck Smoothie trinken, da meldete sich Li noch einmal zu Wort. „Ich gewinne heute.“
Während Olav sich fast verschluckte und nach Luft rang, verließ Li den Speisesaal. Olav konnte nicht sehen, wie sich ein flüchtiges Lächeln auf dessen Lippen schlich.

Die heutige Etappe von Troyes nach Nuits-Saint-Georges führte das Peloton durch die malerische Landschaft der Bourgogne. Weinberge säumten den Weg und wann immer die Radfahrer ein malerisches Dorf durchquerten, schwenkten die Einwohner die Fahnen und jubelten ihnen zu.
Unter ihnen waren nicht nur Erwachsene, sondern auch viele Kinder. Es gab nicht nur Bauern, die aus Heuballen kunstvolle Figuren aufgestapelt hatten, sondern auch Blaskapellen und lustige Gesellen, die sich als Nonnen verkleidet hatten, oder blinkende Hasenohren in schrillen Farben trugen.
Doch für all das hatte Olav keine Augen. Er hatte nämlich genug damit zu tun, sein Rennrad in der Spur zu halten. Am Anfang der Etappe lief alles noch reibungslos, doch je näher sie Nuits-Saints-Georges kamen, desto stärker schwoll der Seitenwind an. Die Viking Spades bildeten eine enge Traube und mussten oft den Anführer ihres Zuges auswechseln, da das Fahren an der Spitze bei derartigen Windverhältnissen der reinste Kraftakt war.
Olav juckte es in den Fingern. Zu gerne wollte er ausbrechen, denn auch die Bismarck Bells und die Japanese Jokers hingen im Peloton fest und kamen nur schleppend voran. Doch er musste sich in Geduld üben. Er wusste, dass er nicht mehr genügend Kraft für den finalen Sprint haben würde, wenn er jetzt alleine oder mit Matti und Haakon zusammen dem Wind trotzte.
Er konnte spüren, dass er nicht der einzige war, dem es so ging. Rechts neben ihnen mühten sich auch die blau gekleideten Diamond Dragons ab. Die Chinesen und Koreaner, aus denen das Team bestand, zeigten alle verbissene Mie-

nen. Olav musste schmunzeln. Mit ihren verschlossenen Gesichtsausdrücken sahen sie alle aus, als hätten sie eine Zitrone verschluckt. Nur Li, der als Anführer und Elite-Sprinter in der windgeschützten Mitte fuhr, wirkte seltsam entspannt.

Noch.

Die Bilder vom Vortag stahlen sich in Olavs Gedächtnis. Wann immer Li zum Zielsprint ansetzte, verwandelte er sich zu einem anderen Menschen. In solchen Momenten war die leere Hülle mit Leben erfüllt. Der stoische Charakter öffnete sich und ein breites Grinsen zierte Lis Gesicht.

Vielleicht waren sie sich also gar nicht mal so unähnlich? Vielleicht konnten sie beide erst auf der Straße aufrichtig ihre Gefühle zeigen?

Li musste bemerkt haben, dass Olav ihn musterte. Als er nach seiner Wasserflasche griff und zum Trinken ansetzte, verharrte er kurz und erwiderte den Blick.

„Ich gewinne heute", hallten die Worte vom Vormittag in Olav nach. Verlegen wandte er den Blick ab und konzentrierte sich stattdessen auf die Formation der Viking Spades. Am Horizont konnte er schon die ersten Ausläufer der Stadt erkennen. Die lange Schleife näherte sich dem Ende.

Nicht mehr lange, und…

Eine plötzliche Windböe riss Li die Flasche aus der Hand. Bremsen quietschten. Die Viking Spades wurden nach rechts gedrückt. Olav konnte spüren, wie sein Lenker zitterte und sein Rad sich aufzubäumen begann.

Sein Puls raste. Er verlagerte das Gewicht leicht nach vorne. Schweiß rann von seiner Stirn, die Augen weiteten sich vor Schreck. Er versuchte tief durchzuatmen.

Nur keine Panik! Es ist alles gut. Es ist…

„Vorsicht!" Die nächste Windböe erfasste den Zug der Skandinavier. Olav versuchte noch das Tempo zu drosseln, doch der Seitenwind hatte Mattis Rad vollkommen unter Kontrolle. Der junge Sprinter kam ins Schlingern. Er rief etwas auf Finnisch, dann krachte er schon gegen Olavs Hinterreifen.

Olav konnte spüren, wie ihm alles entglitt. Der Wind trieb ihn weiter nach rechts. Er sah den Boden näherkommen und wusste, dass ihm genau dasselbe schon vor einem Jahr passiert war. Sein Ellenbogen begann von ganz allein zu schmerzen.

Nein, nein, nein. Nicht schon wieder, nicht…

„Stirb ja nicht vor der Ziellinie!" Lis kräftige Hand packte ihn in der Taille und stabilisierte ihn. Olavs schweißnasse Hände zitterten so sehr, dass er weder die Gangschaltung, noch die Bremse betätigen konnte. Ihm war in der kurzen Schrecksekunde so schlecht geworden, dass er sich am liebsten übergeben hätte.

Er fröstelte. Seine Beine bewegten sich nur noch automatisch. Während mit dem Ortseingang weitere Menschenmassen auftauchten, konnte er Lis Wärme spüren. Und als er ihn ansah, war der stoische Gesichtsausdruck für einen winzig kleinen Moment von Besorgnis erfüllt.

Li hatte wirklich Muttermale. Zwei Leberflecke unter seinem rechten Auge. Einen großen und einen kleinen. Olav fiel zum ersten Mal auf, dass Li eine sehr ungewöhnliche Augenfarbe hatte. Die Farbe von Pfingstrosen. Auf einmal fand er Lis Blick gar nicht mehr so furchterregend.

Der Chinese schob ihn etwas an und löste sich dann von

ihm. Er hob zwei Finger zum Gruß an die Stirn. „Wir sehen uns auf der Zielgeraden wieder!“ Darauf schaltete er einen Gang nach oben, erhob sich aus dem Sattel und sprintete zusammen mit dem zierlichen Lockenkopf, dem Olav schon in der Sauna begegnet war, davon.
Matti reichte ihm einen Energieriegel. „Sorry nochmal!“
Olav riss die Verpackung mit den Zähnen auf und biss in den Riegel. „Ist schon gut.“ Er verzog das Gesicht. *Schon wieder Erdbeergeschmack!*
Matti musste seinen Ekel bemerkt haben, denn er grinste noch einmal beschwichtigend und ließ dabei seine Zahnlücke hervorblitzen. „Sorry!“
Olav zerknüllte das Papier und steckte es in seine Rückentasche. „Spar dir deine Entschuldigung und lass uns lieber die Verfolgung aufnehmen. Ich habe nämlich das Gefühl, dass hier gleich die Hölle los-“ – „ZOOM-ZOOM!“
Yoshiki und Nobuhiko bretterten in einem Affenzahn an ihnen vorbei. Olav schüttelte den Kopf. „Vielleicht sollte ich mir auch einen tollen Spruch ein-“ – „Niemand unterschätzt MAX SPEED!“
Olav kräuselte die Stirn. Auch die Bismarck Bells rund um Max Mustermanns Gelbes Trikot machten sich ans Ausreißen. „Was denkst du, Matti? Sollen wir uns einfach das Reden sparen und Nägel mit Köpfen machen!“
Der junge Sprinter kicherte leise und scherte aus. Olav heftete sich dicht an dessen Hinterrad und begann heftig in die Pedale zu treten. „Die Wikingerflotte setzt die Segel!“
Matti jauchzte und preschte voran. Morten verdrehte die Augen und kratzte sich am Kinn. „Warum sind eigentlich alle Sprinter immer so bescheuert im Kopf?“

Olav konnte sie hören. Die Euphorie der Zuschauer. Die Stimme des Moderators, der auf Französisch ins Mikrofon brüllte und die Ankunft der Sprinter voraussagte. Die Pauken und Trommeln der als Wikinger verkleideten Fans.
Sein Herz schlug wie wild und pumpte das Adrenalin in jede Zelle seines Körpers. Er konnte nichts sehen außer bunte Farbflecken. Landesfahnen, Team-Banner. Menschen, die jubelnd die Arme zum Himmel reckten. Unter ihm den Asphalt. Er fuhr so schnell, dass auch die Spurmarkierung zu einem langen weißen Streifen verschmolzen war.
Er musste sich nicht umsehen, um zu wissen, was um ihn herum geschah. Er konnte sie spüren. Nobuhiko, Li, Max. Sogar Punyaa hatte sich bis ganz nach vorne gekämpft, bereit dazu das letzte bisschen Substanz aus seinem zierlichen Körper zu pressen und heute einen weiteren Etappensieg für die ShamroClovers zu sichern.
Olav keuchte und schnaufte. Sein Körper schmerzte, doch er wusste, dass er noch Reserven hatte. Er wechselte den Gang und spürte, wie der Widerstand in den Pedalen stärker wurde. Doch gleichzeitig nahm auch seine Geschwindigkeit zu.
Weiter, weiter. Mehr, noch viel mehr!
Nobuhiko und Max brüllten sich die Seele aus dem Leib, doch Olav war stärker. *Endlich, endlich! Er konnte das Ziel schon sehen! Nur noch 50 Meter! Nicht einmal Li konnte ihm heute das Wasser reichen!*
Er war so wach, dass er jeden Zentimeter seines Körpers genauestens spüren konnte. Er fühlte den Fahrtwind im

Gesicht genauso intensiv wie den Schalthebel unter seinen Fingerspitzen. Er fühlte das Brennen und Ziehen in seinem Oberschenkel und das Kratzen in seiner Lunge, die sich immer wieder bis zum Anschlag mit Luft vollpumpte.

„OLAV! OLAV! OLAV!"

„MAX SPEED! MAX SPEED!"

„NIPPON BANZAI!"

„PUNYAA!"

„PENG LI! PENG LI!"

Die Stimme des Moderators überschlug sich. Die Lautsprecherboxen konnten kaum den Jubel der Zuschauer übertönen, deren Kakophonie die Straße zum Beben brachte.
25 Meter.
Li schrie und lachte zugleich. Olav biss die Zähne zusammen und quälte sich. Gleich würde es vorbei sein, gleich würde er seine erste Etappe gewonnen haben.
Gleich…
Sein Herz setzte für einen Moment aus. Er konnte hören, wie es fast in Zeitlupe in seinen Ohren dröhnte. Hinter seiner Schläfe pochte es bedrohlich.
Er konnte sich schreien hören.
Nur noch 15 Meter.
Irgendetwas stimmte nicht…
Irgendetwas war anders, als es sein sollte…

Irgendetwas … fehlte…
Zehn Meter.
Sein Finger zuckte für eine Millisekunde.
Nein… Warum…
Er bremste. Nur für einen einzigen Augenblick.
Fünf Meter.
Lis Rücken, direkt vor ihm. Der Chinese riss die Arme empor und jubelte.
War es … vorbei?
Olavs Gedächtnis setzte aus. Er hatte alles gegeben. Die Sicht vor seinen Augen begann zu flimmern. Er spürte, wie man ihm vom Fahrrad half und ihm eine Sportflasche an die Lippen hielt. Wie ein Handtuch auf seinen Kopf gelegt wurde und man ihm zufrieden auf die Schulter klopfte. Überall Fernsehkameras, Fotoapparate, Mikrofone.
Seine Beine zitterten und er musste sich hinsetzen. Er starrte auf seine rechte Hand, die ebenfalls zitterte.
Er hatte gebremst… Warum?
Was war es, an das er sich in jenem kurzen Moment erinnert hatte?
Sein Kopf schmerzte fürchterlich. Gierig trank er die Flasche aus und wartete noch etwas, bis sein Atem sich wieder beruhigt hatte. Als man ihm ein Mikrofon vor die Nase hielt, winkte er ab. Schließlich stand er auf und suchte die Toiletten. Seine Blase forderte ihren Tribut.
Diesmal war es kein mobiles Toilettenhäuschen, sondern eine gepflegte WC-Anlage eines Hotels nahe der Ziellinie, welche man für das Bedürfnis der busverachtenden Sportler reserviert hatte. Als er sein Geschäft beendet hatte, wusch Olav sich die Hände und benetzte anschließend das Ge-

sicht mit kaltem Wasser. Das Pochen hinter seiner Schläfe ließ nur langsam nach. Er zog das Handtuch von seinen Schultern und trocknete sich damit ab, bevor er sein erschöpftes Antlitz im Spiegel betrachtete.
Li stand neben ihm und musterte ihn vorwurfsvoll. „Du hast gebremst."
Olav senkte den Kopf und starrte das Waschbecken kann. Ein dicker Kloß steckte in seinem Hals. Er wollte etwas erwidern, doch das einzige, wozu er imstande war, war ein einfaches „Sorry".
Li schnalzte argwöhnisch mit der Zunge und lehnte sich gegen das benachbarte Waschbecken.
Olav wischte sich mit dem Handrücken über die Augen, doch er konnte den Tränenfluss nicht mehr stoppen. Schnell presste er das Handtuch gegen sein Gesicht.
„Du hast dich verändert, Olav." Zum ersten Mal nannte Li seinen Namen. „Was ist nur aus dir geworden? Pathetisch! Der Olav, den ich kenne, hätte nicht gezögert und sich den Sieg einfach genommen."
Der Olav, den er kannte, hatte letztes Jahr einen Unfall. Es gab ihn nicht mehr. Olav Olsen von einem Jahr zuvor war gestorben. Zurückgeblieben war nur eine pathetische Kopie, die nicht in die viel zu großen Schuhe seines Vorgängers passte.
„Hör endlich auf damit! Los, zeig mir dein Gesicht! Lass mich in dieses Gesicht sehen und wissen, dass Olav Olsen noch irgendwo da drin ist!" Er wollte sich wehren, doch er war zu schwach.
Li riss einmal kurz und kräftig am Handtuch. Er konnte ihn sehen. Den schwachen Olav, der heulend auf der Män-

nertoilette stand, weil er verloren hatte. Und das nur, weil er im entscheidenden Moment Muffensausen bekommen hatte.
Li hob den Arm. Olav kniff die Augen zusammen. Li packte ihn am Kragen.
„Du bist…" *Würde er ihn schütteln? Ihm hier und jetzt auf der Toilette die Leviten lesen?*
Sein Herzschlag beschleunigte sich. Er hatte Angst. Doch er musste es sagen. Es musste aus ihm heraus. „Den Olav, den du kennst, den gibt es nicht mehr! Ich habe alles vergessen, was letztes Jahr auf der Tour passiert ist! Alles!" Als er die Augen öffnete, war sein Blick fest entschlossen. „So, jetzt ist es raus! Ich bin nicht mehr der Rivale, den du dir erhofft hast! Ich bin-"
Weiter kam er nicht, denn plötzlich hatte er die Lippen des zu groß gewachsenen Chinesen auf seinen. „Mmm-pf!" Er musste sich am Waschbecken abstützen, um nicht die Balance zu verlieren.
Li legte seine Hand auf Olavs Kinn und zwang ihn dazu, den Mund zu öffnen. Feucht und heiß drängte sich seine Zunge hinein und begann die des Brünetten herauszufordern.
Olav wollte sich eigentlich wehren, doch der Kuss war. *Gut. Zu gut.* Langsam schloss er die Augen und gab sich dem neckischen Spiel ihrer Zungen hin. Das Blut schoss ihm nicht nur in die Ohren, sondern auch in die Lenden.
Oh nein.
Li musste ganz genau spüren, was in ihm vorging, denn er legte die Hände um Olavs Hüften und zog ihn näher an sich heran. Sanft streichelte er dessen Seiten und biss und

DRAGONS
VIKING SPADES
53
53

saugte leicht an seiner Unterlippe, bevor er ihn erneut in ein Zungenspiel verwickelte.
Es fühlte sich vertraut an. Vertraut und richtig. Olav schämte sich nicht einmal mehr dafür, dass er hier und jetzt, auf einer Männertoilette der Tour de France, mit einem anderen Ass-Sprinter anbandelte. Dass es ihn anmachte und er am liebsten jetzt sofort und gleich Sex haben wollte. Dass er ihn spüren wollte, Lis großen Schwanz, tief in sich drin. Er seufzte in den Kuss hinein und ließ seine Hände über das Hinterteil des anderen wandern. *Es fühlte sich so unglaublich gut an. So straff und fest. So…*
Jemand räusperte sich und betätigte den Wasserhahn. Reflexartig stieß Olav den Chinesen von sich weg und starrte mit schreckgeweiteten Augen den anderen Radsportler an, der soeben aus der Toilettenkabine getreten war und sich die Hände wusch, als wären zwei sich küssende Männer auf der Herrentoilette die normalste Sache der Welt.
„Kim, du?“ Olav lief knallrot an und griff nach dem Handtuch, doch es war zu spät. Kim hatte ganz genau bemerkt, was sich dort zwischen seinen Beinen regte und sah ihn belustigt an.
Scheiße! Warum mussten Radlerhosen aber auch so eng sein, dass man immer sofort alles sehen konnte!
Er trocknete sich die Hände ab und schüttelte den Kopf. „Das was du gerade getan hast, war wirklich sehr dumm von dir, Olav!“
Die Augen, so blau wie ein Bergsee, wanderten zwischen Olav und Li hin und her. *War es Misstrauen, Argwohn, oder einfach nur Bedauern, das in diesen blauen Augen zu sehen war?*

Kim schmiss das Papierhandtuch in den Müllbehälter. Li zischte entnervt, als sich der Sprinter der Helvetia Hearts zwischen ihn und Olav stellte. „Was willst du? Und sprich gefälligst Englisch, wenn du mit mir redest!"

Doch Kim, der Schweizer mit koreanischen Wurzeln, ignorierte ihn und fuhr auf Deutsch fort. „Egal, was er sagt und tut, hör bloß nicht auf ihn!"

Er griff nach Olavs Hand, die der Brünette noch immer schützend vor seinen Schritt hielt. „Li lügt und manipuliert, wie es ihm gerade passt."

Olav zitterte, doch Kims Hand strahlte eine beruhigende Wärme aus.

„Halt endlich die Klappe, Kim!" Der sonst so stoische Li schäumte vor Wut und packte den Koreaner fest an der Schulter.

Doch Kim ignorierte ihn weiterhin. Stattdessen führte er Olavs Hand zu seinem Mund und hauchte einen flüchtigen Kuss auf den Handrücken. „Du kannst nicht wissen, wer von uns lügt und wer die Wahrheit sagt. Also sei bitte vorsichtig, Olav", fuhr er auf Englisch fort.

Lis Griff auf seiner Schulter entspannte sich. „Endlich sprechen wir dieselbe Sprache, Kimchi." – „Habe ich dir erlaubt, mich so zu nennen, Wok Wonder?"

Li rümpfte die Nase und verschränkte die Arme. „Was willst du?"

Kim legte grübelnd die Hand aufs Kinn und zwinkerte Olav kurz darauf zu. „Ich habe einen Vorschlag zu machen. Da Olav sich nicht mehr an letztes Jahr zu erinnern scheint, wäre es das Beste, wenn wir seinem Gedächtnis etwas auf die Sprünge helfen."

Olav fühlte sich entblößt. Beide Asiaten sahen ihn an wie ein Objekt, über das man so einfach entscheiden konnte, während er noch immer mit seiner Erektion zu kämpfen hatte. Er dachte zurück an die Begegnungen mit Punyaa und Nobuhiko, die ebenfalls bei den Toiletten stattgefunden hatte.

Vielleicht sollte er sich in Zukunft angewöhnen, nur noch mit Haakon oder einem der anderen Viking Spades auf die Toilette zu gehen? Nur um ganz sicher zu gehen…

„In drei Tagen ist Ruhetag. Wie wäre es also, wenn wir eine Abmachung treffen?“ Lis Augen verengten sich angesichts Kims freundlicher Miene zu Schlitzen. „Und die wäre?“

Olav lachte nervös. *Also doch. Hier wurde eiskalter Kuhhandel betrieben.*

„In zwei Tagen führt die Etappe von Nantua nach Chambery. An deren Ende erwartet uns eine mörderische Abfahrt, auf der wir unser Können als Sprinter unter Beweis stellen können.“

Li verstand langsam und ein diebisches Lächeln schlich sich in sein Gesicht. „Du meinst also, dass der Gewinner der Etappe am freien Tag mit Olav tun und lassen darf, was er will?“

Kim lachte leise. „Genau das. Derjenige, der übermorgen gewinnt, wird ein Date mit Olav bekommen!“ – „Moment mal! Wenn hier jemand ein Date mit ihm bekommt, dann bin das ja wohl ich!“

Die Tür krachte gegen die Wand.

Nobuhiko hatte die letzten Worte mitbekommen und baute sich breitbeinig und wild entschlossen vor den drei Sprintern auf.

„Also wenn ihr alle mitmacht, dann will ich auch ein Stück vom Kuchen haben!“ Punyaa klatschte entzückt in die Hände.
Olavs Leidenschaft erkaltete augenblicklich. Er stand hier, auf der Herrentoilette, zusammen mit vier anderen Profi-Radsportlern unterschiedlicher Teams, die offensichtlich alle etwas von ihm wollten. Vier Typen, von denen einer derjenige war, in den er sich letztes Jahr Hals über Kopf verliebt hatte.
Doch leider konnte er sich an das letzte Jahr nicht mehr erinnern, weil er auf der verfluchten neunten Etappe einen schweren Unfall hatte. Und jetzt sollte es erneut die neunte Etappe sein, auf der sich sein Schicksal entscheiden würde? Olav lachte abermals nervös. *Das konnte doch nicht deren Ernst sein! In Wirklichkeit war er doch nach dem letzten Sprint zusammengeklappt und alles, was hier gerade ablief, spielte sich in seinem Kopf ab.*

„Hallo-hoo, Olav?“ Punyaa wedelte aufgeregt vor seinem Gesicht hin und her.
„Olav?“ Nobuhiko kräuselte die Stirn und schürzte die Lippen.
Li schnalzte abermals mit der Zunge. „Was sagst du, Olav?“
Kim zwinkerte erneut und nickte ihm zuversichtlich zu. „Olav?“

In seinem Kopf drehte sich alles. Olav machte einen Schritt zurück und sah den vier Männern, die unterschiedlicher nicht sein konnten, aber alle Asiaten waren und alle verdammt attraktive Hintern hatten, ins Gesicht.

In drei Tagen sollte er also ein Date mit einem von ihnen haben, um seiner Erinnerung wieder auf die Sprünge zu helfen?

...

Wenn das so war, dann wünschte er sich zum ersten Mal nichts sehnlicher, als dass Max Mustermann gewinnen würde…

Bonus-Tour 1: Ausgetauscht

Im Leben eines Radrenn-Profis gab es Dinge, die getan werden mussten. Nicht nur das tägliche Training, das penible Achten auf das Körpergewicht und die regelmäßigen, aber unangekündigten Besuche der Doping-Kontrolleure gehörten zum Alltag, sondern auch eine Sache, die Olav Olsen wirklich hasste: Werbespots.

Es war der Frühling vor seinem großen Comeback, als ihn der Wecker einmal mehr viel zu früh aus den Träumen riss. In den letzten Wochen hatte er an einigen mehrtägigen Straßenrennen teilgenommen, doch dabei mehr schlecht als recht abgeschnitten. Als trotzdem der Anruf kam, dass er für die Tour de France als Fahrer gesetzt werden würde, fiel er aus allen Wolken. Seitdem hatte er kaum noch geschlafen. Und als bei ihm nun auch noch der Sponsor für einen Werbespot anfragte, war es mit ruhigen Nächten endgültig vorbei.

Mit Grauen dachte er an letztes Jahr zurück: Es war ein dreitägiger Drehmarathon für den Sponsor Viking, eine nordeuropäische Baumarktkette, der im Wesentlichen daraus bestand, dass Lars, Haakon und er mit Kettensägen im Wald standen und unter fachmännischer Anleitung vor der Kamera Baumstämme zersägten und zerhackten. Drei Tage, nach denen er blutigere Hände hatte, als nach einem harten Straßenrennen über Kopfsteinpflaster. *Was würde ihn wohl dieses Jahr erwarten?*

Er wusch sich das Gesicht mit kaltem Wasser, um der Müdigkeit Herr zu werden. Ja, er sah wirklich grauenvoll aus. *Ob sie ihn wieder mit Make-Up und Puder zukleistern würden, so wie letztes Jahr?*

Er zuckte mit den Schultern und putzte sich die Zähne. Solange sie nicht wieder versuchen würden, seine Augenbrauen zu zupfen, war alles in Ordnung. So aalglatt wie dieser Kim Lutz-Park, der seit Neuem für den Schweizer Bäcker Helvetia fuhr und wie ein K-Pop-Idol zwischen Lebkuchenherzen hindurchschwebte, würde er ohnehin nie aussehen.

Als er gerade mit seiner Morgentoilette fertig war, klingelte es auch schon an der Tür. Schnell schlüpfte er in die erstbesten Klamotten, die noch vom Vortag in einem Haufen vor dem Bett lagen. Nach einem prüfenden Schnüffler an den Socken entschloss er sich allerdings doch dafür, ein Paar frische anzuziehen.

DING-DONG.

Erneutes Klingeln. Diesmal energischer. Olav gähnte und fuhr sich durch das zerzauste Haar. Jetzt fing auch noch sein Smartphone an zu vibrieren. „Komme ja schon!"

Er drückte den Anruf beiseite und prüfte das Display. *War es wirklich schon so spät? Nicht einmal sieben Uhr!* Er gähnte erneut, kratzte sich am Bauch und verließ anschließend das Schlafzimmer, um zur Wohnungstür zu gehen. Mit jedem Schritt nahm das flaue Gefühl in seiner Magengegend zu. Dieses begleitete ihn immer, wenn besondere Termine anstanden.

„Wir kaufen nichts!" Er wollte einen Witz machen, doch seine Stimme musste in der Freisprechanlage genau so klingen, wie er sich fühlte: genervt, müde, erschöpft. Niemand lachte. Er drückte auf den Knopf für die Türentriegelung, öffnete die Wohnungstür und band sich die Schuhe, während er die Schritte im Treppenhaus langsam lauter werden hörte. *Komisch… Morten hörte sich doch sonst nicht so leise an! Was, wenn er gerade einem Stalker oder Papparazzo die Tür geöffnet hatte?* Unschöne Erinnerungen kamen wieder hoch. *Damals, als er gerade Landesmeister beim Junioren-Straßenrennen geworden war und ihn diese eine Frau, sie war um die 40 und Grundschullehrerin, wochenlang belagert hatte, das war…*

„Olav Olsen, ja?“ Er zuckte zusammen, als er plötzlich wirklich eine fremde Stimme hörte. Sein Magen grummelte erneut. „Das steht so an meiner Tür.“

Erst als er sich aufgerichtet und nach seiner Jacke gegriffen hatte, schaffte er es den Eindringling anzusehen. Er war so groß wie er, doch jünger, blonder und eindeutig hübscher. Und außerdem weniger schüchtern, denn als sich ihre Blicke trafen, wich er nicht aus, sondern zeigte eine charmante Zahnlücke zwischen den Schneidezähnen.

„Kommst du mich abholen?“ Ein fragender Blick. Der Junge – er war bestimmt Praktikant – schien ihn nicht verstanden zu haben, also wiederholte er die Frage auf Englisch.

„Ja, das tue ich, ich bin-“

„Olav, Matti, wo bleibt ihr denn? Der Fahrer wartet nicht ewig.“ Morten kam die Treppe hochgepoltert und warf dem verwirrten Olav eine Bäckertüte zu.

Das nervöse Magengrummeln verwandelte sich angesichts des Duftes frischer Butterhörnchen in Hunger. „Ausweis, Geldbeutel, Schlüssel, alles eingepackt?“ Morten schubste ihn schon fast zur Tür hinaus. Olav nickte stumm und biss beherzt in eines der Hörnchen. Kauen, hinausgehen und dabei noch die Tür abzusperren gehörten für einen

Profi-Radsportler, der es gewohnt war auch auf dem Rad zu essen, zu trinken und das zu tun, was gewöhnlich darauf folgte, wenn man wirklich viel getrunken hatte, zu den leichtesten Übungen.
Unter einem weiteren Bissen erinnerte sich daran, in seiner gesamten Karriere nur einmal in einen Graben gefahren zu sein, weil er eine Bodenwelle über einem widerspenstigen Energieriegel hinweg übersehen hatte. Mit der Treppe, die sich gefühlt endlos – es waren aber nur fünf Stockwerke in diesem Wohnhaus in der Kopenhagener Innenstadt – nach unten wandte, würde ihm das aber nicht passieren. Ein Olav Olsen war zwar manchmal etwas neben der Spur, aber dennoch niemals die Stufen heruntergestolpert.

Giovanni, der Manager, tappte schon nervös mit dem Fuß auf und ab, als sie endlich das Wohnhaus verließen. „Wieder verschlafen, Olav?" Er rollte mit den Augen. Sein Gesicht war trotz der angenehmen Kühle an diesem Morgen ganz verschwitzt und rot. Giovanni war ein cholerischer Italiener, der in den 80er-Jahren selbst Profi-Radsportler war und mehrmals den Giro d'Italia gewonnen hatte. Jetzt war er aber nur noch ein bissiger alter Mann, bei dem man nie wusste, ob die vortretende Ader an seiner Schläfe von seiner schlechten Laune, oder nicht doch von der viel zu eng gebundenen gepunkteten Krawatte kam.
Olav nuschelte etwas in die Bäckertüte hinein und nahm auf dem Rücksitz Platz. Kaum angeschnallt, warf ihm Giovanni auch schon ein dickes Drehbuch zu. „Hier, lesen! Wir haben wenig Zeit, da das Kamerateam die Landstraße nicht ewig sperren darf, also lesen, auswendig lernen, basta!"

Jedes Wort kam wie eine Kanonenkugel aus seinem Mund geschossen und ließ Olav zusammenzucken. Er war erleichtert, dass der cholerische Manager heute auf dem Beifahrersitz sah und Morten das Auto fuhr – auch wenn dies bedeutete, dass sie für die nächsten zweieinhalb Stunden amerikanische Countrymusik ertragen mussten, bei der Morten immer laut mitgrölen würde.

Olav nahm sich ein weiteres Butterhörnchen und versuchte sich zu entspannen. Es war noch wenig Verkehr an diesem Sonntagmorgen und die meisten Ampeln schalteten auf grün, sobald sie sich näherten.

„Ist schön hier bei euch“, meldete sich der blonde Praktikant, der kein Dänisch sprach und dessen Namen Olav schon wieder vergessen hatte, zu Wort. Als er sich ihm zuwandte, blitzte erneut die Zahnlücke auf.

Olav nickte und kaute schweigend weiter. Das Drehbuch lag schwer in seinem Schoß und verlangte nach Aufmerksamkeit, doch der Hunger gepaart mit dem verführerischen Butterduft, der von den noch warmen Hörnchen aufstieg, hatten in Olavs Augen – eher Magen – höhere Priorität.

„Du erkennst mich nicht, oder?“ Der Junge lächelte immer noch.

Olav schüttelte den Kopf und zerknüllte die leere Bäckertüte. Ein paar Krümel fielen auf das Drehbuch und er las sie auf, während er den Titel studierte: „Le Tour de Viking mit Olav Olsen und Matti Meikäläinen.“

„AH, DU-HU-HU?!“ Er verschluckte sich und musste husten. Matti reichte ihm eine Wasserflasche. „Vorsicht, Mann!“ Er klopfte ihm auf den Rücken. „Ich bin seit ei-

nigen Monaten auch bei den Viking Spades unter Vertrag und ebenfalls für die Tour gesetzt, schon vergessen?"
Wie konnte der immer noch so unbeschwert lächeln? Olav jedenfalls war es peinlich, so peinlich, dass er sich am liebsten hinter dem Drehbuch versteckt hätte.
Matti Meikäläinen war nicht irgendwer. Der junge Zeitfahrspezialist war der amtierende finnische Juniorenmeister im Bahnradfahren und hatte erst kürzlich einen neuen Weltrekord aufgestellt. Er konnte sprinten wie ein Gott und sah zudem so unverschämt gut aus, dass ihm die Mädchen säckeweise Fanpost zukommen ließen.
Und dann war da noch er, Olav Olsen, der nicht halb so gut aussehende Allrounder, der beim Sprinten gerne mal komplett den Verstand verlor, aber seit seiner längeren Reha-Pause mehr schlecht als recht wieder ins Rennen kam. Und über den sich die Medien das Maul zerrissen, weil er im letzten Jahr ein paar Kilos zu viel zugenommen hatte.
Na toll. Team Viking hatte jetzt also seinen neuen Star und er würde dieses Jahr unter „ferner liefen" bei der Tour mitfahren. Ganz toll. Dabei war er doch noch gar nicht so alt und ganz sicher noch nicht bereit dazu, um auf das Abstellgleis abgeschoben zu werden!
Er wollte etwas Nettes sagen, doch aus seinem Mund kam nur ein desinteressiertes „Freut mich."
Mattis Lächeln erstarb.
Super, Olav, jetzt denkt der Schönling sicher, dass du ein arrogantes Arschloch bist. Na ja, wie auch immer.
Er zuckte mit den Schultern und widmete sich der Lektüre des Drehbuchs. Schon nach wenigen Absätzen wünschte er sich, es nicht getan zu haben. Und Morten, der langsam

über die Landstraße zuckelte und inbrünstig zu Johnny Cash sang, machte es auch nicht gerade besser.

🚲 🚲 🚲

Olav kannte das Gefühl, von Kameramotorrädern und Autos begleitet zu werden. Der Geruch von Abgasen, der mit jedem Atemzug in seine Lungen strömte, das permanente Gewirr und Gewusel, gepaart mit dem röhrenden Sound der Motoren. Schon oft hatte er es miterleben müssen, wie es während eines Rennens zu Kollisionen kam, weil ein unvorsichtiger Kameramann seine Spur verließ und dabei einen Radfahrer übersah. Dehalb stand er dieser Begleitung stets mit gemischten Gefühlen gegenüber.

Sie fuhren über eine einsame Landstraße, die durch einen dichten Nadelwald führte. Die Straße war schlecht geteert und Rollsplit knirschte unter ihren Rädern. Ein permanentes Rütteln ging durch die Lenker. Obwohl sie sich vor dem Dreh warmgefahren hatten, war ihnen kalt, denn sie mussten mit den dünnen Sommerjerseys fahren, welche sie auch auf der Tour anhaben werden würden. Mindestens alle fünf Minuten mussten sie anhalten, damit man ihnen das Gesicht nachpudern konnte. Dann wurde gewendet und die Strecke zurück gefahren.

Währenddessen sollten sie so tun, als würden sie sich freundschaftlich miteinander unterhalten, doch bereits nach der zweiten Wiederholung gingen ihnen die Ideen aus. Ihre Dialoge beschränkten sich auf Sätze wie „Ravioli sind echt gut!“ und „Ich esse ja lieber diesen Mandelkuchen aus dem Möbelhaus!", dann schwiegen sie sich wieder an. Auch das Kamerateam schwieg und schien nicht begeistert zu sein. Giovanni hatte seine Krawatte gelockert und schnaubte hin und wieder einmal gereizt vom Beifahrersitz aus zu ihnen herüber. Schließlich fiel die letzte Klappe der ersten Szene und sie waren vorerst erlöst.

„Na ihr zwei Turteltäubchen?" Morten lachte schallend und klopfte Olav und Matti auf die Schultern. Auch er hatte sich umgezogen und sah mit der gepuderten Nase und den getuschten Wimpern einfach nur lächerlich aus.
Olav lächelte gequält und antwortete aus Gewohnheit auf Dänisch. „Ich glaube, ich hätte nach der zehnten Klasse doch etwas Anständiges lernen sollen, anstatt mich nur meiner Radsportkarriere zu widmen." Er wischte sich den Schweiß mit einem Handtuch ab und erntete davon ein entnervtes Knurren von der russischen Stylistin, die sich sofort wieder mit Puder und Pinsel bewaffnete, um ihn zu malträtieren.
„Diese Männer haben alle keinen Stil!" Ihr rollendes R klang rabiat. Im Hintergrund war gerade die Feuerwehr damit beschäftigt, einen umgestürzten Baum mit dem Schwerlastkran so auf die Straße zu hieven, dass dieser sie komplett versperrte.
„Und ich dachte, wir würden dieses Jahr mal ohne Kettensägen-Action davonkommen…" Man reichte ihm einen Sportdrink und ein paar Sandwiches. Auch Matti hatte zu essen begonnen. Eine Traube an Frauen hatte sich um ihn versammelt. Er lachte und scherzte und fühlte sich sichtlich wohl in seiner Haut, doch als Olav ihm einen Blick

zuwarf, schien ihm für einen Moment unwohl zu werden. *Dabei wollte Olav doch gar nicht, dass er... Ach, was wollte er eigentlich?*

„Bereit für die zweite Szene?“ Der Regisseur winkte sie zu sich her. „Jetzt kommt der Teil, in dem Matti und Olav feststellen, dass die Straße versperrt ist. Doch dann kommt Morten, der Held des Werbespots, und winkt alle zu sich, damit sie einen Umweg zum Baumarkt fahren. Das ist doch eine tolle Idee von mir gewesen, nicht wahr?“

Jetzt nur nichts Falsches sagen! „Obwohl die Rolle des Helden unserem neuen Star Matti doch viel besser stehen würde.“ Olavs Lächeln wirkte gekünstelt.

Matti versuchte sich den Seitenhieb nicht anmerken zu lassen, doch diesmal blitzte keine Zahnlücke auf. „Ich finde Morten als resoluten Baumarkt-Spezialisten aber viel besser. Immerhin stellt unser Sponsor kein Koffeinshampoo oder Badezimmerarmaturen her, die du mit deinen heldenhaften Locken viel besser bewerben könntest.“

Autsch.

„Können wir dann anfangen? Wir haben nur noch zwei Stunden, bis die Straße wieder geöffnet wird, bis dahin müssen Szene Zwei und Szene Fünf im Kasten sein.“ Wieder wurden die Kameras ausgerichtet, wieder sprang die russische Stylistin vom einen zum anderen.

Gefühlt hundertmal fuhren Olav und Matti auf den umgekippten Baumstamm zu, gestikulierten ratlos, bis schließlich Morten angefahren kam und ihnen den Weg zum Baumarkt wies.

Giovanni hatte inzwischen sein Sakko ausgezogen und

nippte nervös an seinem Flachmann. Auch der Regisseur klang immer gestresster. Anschließend ging man dazu über, die Szene mit den Kettensägen zu drehen. Die Feuerwehr stand in der Nähe, ein Förster gab nützliche Tipps und der Baumstamm wurde zersägt.

Olav schwitzte stärker, als er es bei jeder Bergankunft tat. Er hasste diesen Drehtag so sehr, doch er musste sich zusammenreißen. Musste kämpfen, wie bei jedem Zwischensprint, sich gedulden, wie er sich auch vor der Ziellinie bei einem Massensprint bis zum richtigen Moment des Ausbrechens gedulden musste. Es ging voran, doch trotzdem hatte er das Gefühl auf der Stelle zu treten. Er spulte sein Programm ab und blendete alles um sich herum aus.

Schließlich war es Giovanni, dem der Kragen platzte. „Olav, herkommen!“, brüllte er mit hochrotem Gesicht und schmiss ihm eine leere Wasserflasche vor die Füße. „Was ist denn mit dir los? Dein ganzer Ausdruck ist scheiße! Haltung scheiße, Gesicht scheiße, Schauspiel scheiße! Ich sag dir, echt, wenn ich nicht so hohe Erwartungen an deine Leistung bei der Tour haben würde, auf der dieser beschissene Werbespot gezeigt wird, würde ich dich jetzt sofort nach Hause schicken, damit du dort in deiner Scheiße ersticken kannst!“

Die Flasche rollte über die Straße und blieb in einem Haufen Sägespäne liegen. Olav vergrub die Hände in seinem Handtuch. Er war kein Mann lauter Worte, doch Giovanni hatte es geschafft, dass er tief durchatmen musste, um nicht ebenfalls das Wort „Scheiße“ zu gebrauchen. Er zitterte vor Wut. „Was los ist? Siehst du das denn nicht? Der Neue spielt hier die Hauptrolle und mich setzt ihr doch sowieso auf das Abstellgleis. Denkt ihr ernsthaft, ich kann so arbeiten, wenn ich das Gefühl habe, dass ihr mich eigentlich ersetzen wollt?"

Er schleuderte Giovanni das Handtuch entgegen und setzte sich ins Auto. Sein rechter Ellenbogen hatte wieder zu schmerzen begonnen. Angespannt rieb er sich über die juckende Narbe. „Ich gehöre hier doch eigentlich gar nicht mehr hin…"

Der ganze Werbespot war doch nur eine Farce, um zu zeigen, dass Olav Olsen doch noch irgendwie da war, aber auch nicht. Was zu sehen sein sollte, war sein werbeträchtiges Gesicht. Dass er sich hundsmiserabel fühlte, weil er noch immer außer Form war, wollte doch keiner wissen. Und wenn er dann bei der Tour jedes Rennen jenseits der Hundert beenden würde und vielleicht sogar nach wenigen Etappen aus der Karenzzeit fallen würde, dann würden sie alle trotzdem noch drei Wochen lang diesen beschissenen Werbespot sehen und Mitleid mit ihm haben!

Die Autotür auf der anderen Seite öffnete sich und Matti setzte sich neben ihn. Olav blickte angewidert zur Seite. „Was willst du? Ist dir nicht klar, dass ich dich nicht leiden kann?" Der pochende Schmerz in seinem Arm wollte einfach nicht nachlassen.

Matti tat so, als hätte er den letzten Satz überhört. Er beugte sich nach vorne und kramte in seinem Rucksack, den er im Fußbereich verstaut hatte. „So scheiße wie Giovanni sagt, finde ich dich eigentlich gar nicht. Eigentlich macht deine ruhige Art einen ziemlich coolen Eindruck." Die Zahnlücke blitzte auf, als er sein Notizbuch herausholte und eine

ganz bestimmte Seite aufschlug. Eine Autogrammkarte fiel heraus.
Olav schluckte. „Seit wann hast du *die* denn?“
Das Autogramm musste bestimmt sechs Jahre alt sein und zeigte einen Olav, der gerade einmal fünfzehn Jahre alt war und gerade erst Fuß bei den Junioren gefasst hatte. Das Bild machte ihn nervös und als er Matti ansah, drehte sich in seinem Kopf alles.
„Ich will dich nicht ersetzen, Olav!“ Der Blonde presste die Lippen zusammen. Eine Zornesfalte hatte sich zwischen seinen Augenbrauen gebildet. „Weißt du, es war schon immer mein Traum mit dir in einem Team zu fahren, seitdem ich dich bei dem Rennen in meiner Heimatstadt damals getroffen habe.“ Er schlug die Faust in die Hand. „Du warst so selbstbewusst, so cool! Ich wollte immer wie du sein!“
Schwärmte der gerade etwa für ihn?
Matti fuhr fort. „Leider habe ich mich dann etwas anders entwickelt. Irgendwann war ich Bahnrad-Champion und plötzlich waren da diese ganzen Mädels, ganz schön anstrengend, sag ich dir…“ Er lachte nervös, dachte aber nicht daran, seinen Monolog zu beenden. „Und als dann im Winter plötzlich Team Viking bei mir anfragte, ob ich nicht in die Mannschaft kommen wollte, das war,“ seine blauen Augen begannen zu strahlen, „ein Traum wurde plötzlich wahr.“
Er packte das Autogramm, welches er jahrelang wie einen Schatz gehütet hatte, wieder in das Notizbuch und steckte es zurück in den Rucksack.
„Sorry“, sagte Olav und schürzte die Lippen. „Das muss ja echt ein Schock für dich gewesen sein, als du gemerkt hast, was für ein komischer Kauz ich bin…“

Matti schüttelte den Kopf und begann zu grinsen. „Ehrlich gesagt … würde ich mich an deiner Stelle ebenso fühlen. Nach so einer langen Pause kommt da plötzlich so ein gutaussehender Typ daher, der auch noch verdammt gut in Form ist.“

Olav kräuselte die Stirn, doch Mattis Worte waren so ehrlich und sein Grinsen so ansteckend, dass sich seine Laune langsam wieder besserte. „Ich muss mich trotzdem erst an dich gewöhnen…“ Das Lächeln, welches er ihm nun schenkte, war echt. Er nickte ihm zu und stieg wieder aus dem Auto aus.

Matti blickte von der gegenüberliegenden Seite zu ihm. „Ich weiß, deswegen bin ich ja jetzt auch als dein neuer Sparringspartner nach Kopenhagen gezogen!“ Olav sah ihn verdattert an, doch Matti hob den Daumen und zwinkerte ihm zu.

„Ey, Olavs Trainingspartner bin immer noch ich!“ Morten baute sich mit verschränkten Armen vor ihnen auf und schmollte theatralisch. Doch dann brach er in schallendes Gelächter aus und sagte: „Die Wikingerflotte muss doch zusammenhalten! Gemeinsam ist besser als einsam! Lust, noch ein paar Scheiben Holz zu zerlegen?“

Olav schämte sich furchtbar. Als er an jenem Abend die wichtigsten Szenen der heutigen Etappe durchging und auch das Streckenprofil der morgigen Etappe analysierte, stolperte er auch über den Werbespot.
Wie er mit Matti durch den Wald fuhr und plötzlich der Baumstamm vor ihnen lag, war ja noch in Ordnung. Und auch Mortens Einsatz mit dem Wink zum Abbiegen war gelungen. Doch warum mussten sie ausgerechnet die Szene, in der sie mit dem Rennrad durch den Baumarkt fuhren und vor den Kettensägen stehenblieben, in Zeitlupe zeigen? Die Musik und der Filter waren so überzogen, dass er das Gefühl hatte, es wäre eigentlich ein Fantasy-Epos. Und dann wurde es noch schlimmer: oben ohne und mit schweißnassen Gesichtern standen sie mit Kettensägen vor dem umgefallenen Baumstamm und die Funken flogen in alle Richtungen. *(Die russische Stylistin hatte sie am Ende sogar eingeölt, EINGEÖLT, damit sie noch mehr Sexappeal ausstrahlten.)* Schließlich kippte er sich eine Wasserflasche über den Kopf, schüttelte die klatschnassen brünetten Locken und blickte in die Kamera, worauf der Slogan *„Viking – tools made for heroes"* erschien.
Er zog die Kapuze seines Pullovers über den Kopf, um seine hochroten Ohren zu verbergen. *Peinlich. Einfach nur peinlich.* Doch als anschließend der Werbespot der Japanese Jokers gezeigt wurde, in dem Nobuhiko die Hauptrolle in einem Yakuza-Drama spielte und schließlich einen Sake trank, zuckte er nur mit den Schultern und dachte: *Schlimmer geht immer.*

Bonus-Tour 2: Magical Mechanical Drive

Art by: Sellery-Attack

In einer Welt, die unserer ganz ähnlich, aber doch ganz anders ist, passierte an jenem Morgen etwas Unerhörtes.
Als Olav Olsen an diesem Morgen aus unruhigen Träumen erwachte, fand er sich in seinem Bett zwar nicht zu einem ungeheueren Ungeziefer verwandelt, doch seine Morgenlatte war wirklich ungeheuerlich und schmerzte gar terroristisch.
Schlaftrunken tappte er ins Bad. Seine Muskeln fühlten sich nach der gestrigen Bergetappe ebenfalls steif an. Er selbst kam sich eher vor wie ein Roboter, als wie ein Mensch. Mechanisch schaltete er das Licht ein, mechanisch öffnete er den Klodeckel, mechanisch pisste er in die Kloschüssel. Zufrieden stellte er fest, dass auch seine Zielführung mechanisch akkurat war und er keine nassen Füße bekam, auch wenn er noch so müde war.

Etwas, womit er aber nicht gerechnet hatte, war es plötzlich eine Stimme zu vernehmen. „Hilfe, Hilfe, ich ertrinke, so hilf mir doch!“
Der Druck ließ langsam nach, doch die Stimme wurde immer lauter. „Hier unten bin ich, hier! Bitte, nicht runterspülen!“ Mit einem Mal war Olav hellwach und starrte mit großen Augen in den Toilettenschlund.
Und so ereignete es sich, dass ein kleines blondes Männlein mit schwarzen Katzenohren und einem buschigen Schwanz *– natürlich einem Katzenschwanz, oder was dachtet ihr versauten Leserschweinchen gerade?* – sich mit letzter Kraft an der Klobrille festhielt und langsam hinauskletterte.
„Ich glaube, ich träume das nur!“ Nachdem das Männlein hinausgeklettert war und sich mit Toilettenpapier abtrock-

nete, betätigte er die Klospülung, doch als er sich gerade umdrehen wollte, um wieder ins Bett zu gehen, sagte der Kater: „Grüß Gott, mein Freund. Mein Name ist Max Mustermann und ich bin hier, um dir Folgendes zu sagen."
Olav gähnte herzhaft und rieb sich die Augen.
„Nun hör mir zu, mein Freund, denn es geht um Leben und Tod!"
Plötzlich erscholl aus dem Nichts epische Hintergrundmusik. Die Fensterläden wurden aufgerissen und der Wind brauste hinein.
„Du, Olav, du bist der Auserwählte! Nur du kannst den Radsport noch retten, denn in dir steckt eine besondere Kraft. Und ich, Max Mustermann, Sprinter aus dem magischen Königreich Hofbräuhaus, bin gekommen, um dich zu erwecken!"
Olav deckte sich wieder zu und versuchte einzuschlafen, doch das ging schlecht, da draußen ein ohrenbetäubender Lärm herrschte. Es knatterte und surrte, als ein Helikopter direkt vor dem Fenster landete.
Max, der Mater, halb Mensch, halb Kater, fuhr seine Krallen aus und beharkte Olavs Bettdecke, bis dieser es nicht mehr aushielt und sich aufrichtete. Er war wach, definitiv wach. Auch wenn er glaubte zu träumen, als plötzlich vier verdammt attraktive Asiaten aus dem Hubschrauber stiegen und durch das Fenster in sein Zimmer kletterten.
Es war bizarr, doch mit einem Mal war er angezogen und sein Fahrrad stand blitzeblank geputzt neben seinem Bett. Komischerweise fühlte er sich auch satt und war frisch geduscht. Er hatte sogar einen frischen Pfefferminzgeschmack im Mund.

Frisch geputzte Zähne, ohne sich die Zähne zu putzen? Er blickte den blonden Max an. „Also ich bin jetzt wach, war das alles?"
Max schüttelte den Kopf. „Sapperlott, nicht wecken, ERwecken!" Er sprang auf den Lenker des Rennrads. „Das hier ist ein Geschenk von mir! Es ist ein magisches Rennrad. Und es funktioniert wie folgt: wenn du und deine Kumpanen hier mit einer Geschwindigkeit über 65 Kilometern pro Stunde unterwegs seid, dann wird der Fix-Komprimator aktiv und ihr könnt euch verwandeln."
Dramatische Militärmusik erklang. Li, Kim, Punyaa und Nobuhiko hatten sich mitsamt ihrer Fahrräder neben dem Bett postiert. Olav stellte sich zu ihnen. Auch sie rochen unverschämt gut nach frischer Pfefferminz-Zahncreme und es fiel ihm schwer, nicht sofort einen nach dem anderen küssen zu wollen.
Trotzdem fühlte sich Olav anhand so viel asiatischer Schönheit hässlich und klein, sodass er Max direkt fragen musste: „Sag mal, Mater Max aus dem Königreich Hofbräuhaus, warum hast du mich eigentlich ausgewählt? Ich bin weder Asiate, noch denke ich, dass ich der Beste der Besten der Beste bin. Ich träume das doch nur!"
Doch Max schüttelte den Kopf und wackelte aufgeregt mit den Ohren. „Warum ich ausgerechnet dich ausgewählt habe, Olav?" Er grinste und ließ seine spitzen Eckzähne aufblitzen. „Ganz einfach. Weil du rosafarbene Haare hast. Jeder Hauptcharakter muss rosafarbene Haare haben!"
Entsetzt fuhr Olav sich durch den Lockenkopf und stürmte ins Bad. Und was er dort erblickte, war nichts anderes, als sonst auch. Doch nun war es ihm bewusst geworden: seine

brünetten Haare hatten einen eindeutigen Rosastich. „Verdammt!“, rief er, „Ich bin ein Hauptcharakter!“

🚲 🚲 🚲

Die nächste Etappe verlief eigentlich ganz normal. Max hatte ihnen eingebläut, niemandem zu sagen, wer sie waren und was ihre Mission war, da dies sonst zu irreparablen Schäden an den Fahrrädern geführt hätte. Und so fuhren die fünf Gefährten gemeinsam in einer Gruppe durch kleine Städte, über holprige Landstraßen, an Weinbergen vorbei, über hohe Staumauern und an schroffen Berghängen entlang, stets begleitet von jubelnden Zuschauern, die trotz des noch frühen Nachmittags bereits alkoholisiert in den Straßengräben lagen.

Erst schien noch die Sonne, doch je höher sich die verschlungene Bergstraße nach oben wand, desto trüber und nebliger wurde es. Die Luft war kalt und das Atmen fiel ihnen schwer. Hin und wieder zeigte ihnen ein Begleitfahrzeug den aktuellen Abstand zum Peloton und sie hörten via Funk, dass nach und nach ein Radfahrer nach dem anderen aus dem Rennen aussteigen musste. *Was geschah dort hinten nur?*

„Keine Angst, wir passen auf dich auf!“ Punyaa zwinkerte optimistisch und erhob sich aus dem Sattel, um die Steigung mit etwas mehr Schub zu meistern.

Olav liebte seinen Hintern. Obwohl Punyaa der Kleinste der Fünfertruppe war, hatte er ein ausgesprochen rundes und weiches Gesäß. Li hingegen war groß und sehnig. Bei

jedem Tritt in die Pedale zeichneten sich seine Muskeln deutlich unter dem dünnen Jersey der Hose ab. Er war kein Mann großer Worte und brummte lediglich etwas Unverständliches, bevor er Punyaa an der Spitze ablöste.
Kim, der Schönling mit den blauen Augen, reichte ihm eine frische Wasserflasche. „Trink das. Viel Wasser ist gut für die Haut." Er war so schön, dass etwas von seinem Glitzer an der Wasserflasche hängenblieb. Olav wusste, dass Kim, wenn er nicht gerade im Fahrradsattel saß, als Model arbeitete und Gerüchten zufolge auch bei Schönheitsküren erfolgreich war.
So schön und aalglatt wie Kim war, so verwegen war Nobuhiko. Obwohl er sehr schmal gebaut war, hatte er die nötige Kraft, um kurz vor der Ziellinie noch für einen Blitzsieg zu sorgen.
Als sich ihre Augen trafen, blitzte und donnerte es wie bestellt. Der Himmel verfärbte sich schwarz. Dicke Regentropfen fielen und verwandelten die Straße in einen Sturzbach. „Oh-oh!", hörten sie Max' Stimme über die Funkkopfhörer, „Jungs, gleich wird es hier richtig ungemütlich! Macht euch bereit und schaltet einen Gang nach oben!"
Sie traten und traten und traten in die Pedale, doch kamen sie dennoch kaum voran. Olavs Knie schmerzten fürchterlich, doch er biss die Zähne zusammen und holte alles aus sich heraus. Das Wasser fühlte sich an wie Teer, doch er wusste, dass er keine andere Wahl hatte, als weiterzufahren. Immer weiter. Noch einen Kilometer bis zur Gipfelwertung, das verriet ihm die rot gepunktete Markierung.
Dann würde es wieder bergab gehen.
Den Berg bergab. Nicht mit ihnen.

Erneut blitzte und donnerte es. Plötzlich erscholl ein mehrstimmiges Lachen aus den schwarzen Wolken hinter ihnen. Zwei leuchtende Augenpaare, eines grün-blau, eines blaugrün, durchbrachen die Dunkelheit.
„Endlich haben wir euch eingeholt." – „Ihr wart so unartig, einfach eine Fluchtgruppe zu bilden." – „Hat man euch nicht gesagt, dass man in einer Fluchtgruppe selten den Etappensieg holen kann, weil einen das Peloton kurz vor dem Ende sowieso wieder einholt?" – „Wie uncool, Frank, du sollst doch nicht das Ende dieser Geschichte spoilern!" – „Aber Andy, du weißt doch, dass das Ende viel dramatischer sein wird! So richtig exstatisch-dramatisch, ganz und gar nicht pragmatisch!"
Zwei unheimliche Gestalten lösten sich aus dem Nebel. Einer von ihnen war schwarz gekleidet und hatte wildes Haar, der andere war weiß gekleidet und hatte glattes Haar. Der Schwarzgekleidete hatte Dämonenflügel auf dem Fahrradhelm, der Weißgekleidete Engelsflügel und einen Heiligenschein. Und beide hatten kupferrotes Haar und starrten mit wilden Fratzen in Richtung der fünf Ausreißer.
„Liebster Andy, darf ich die Beute erlegen?" – „Liebster Frank, nur zu! Lass uns ihnen beweisen, dass nur wir dazu fähig sind die besten Radsportler der Galaxie zu sein!"

„Olav, pass auf!" Kim reihte sich schützend hinter Olav ein, Nobuhiko zu seiner Linken, Punyaa zu seiner Rechten. Li fuhr voran und trat so heftig in die Pedale, dass selbst das teerige Wasser keine Chance mehr hatte.
Doch sie waren immer noch langsam, viel zu langsam! Die Zwillinge begannen in Schlangenlinien auf sie zuzufahren.

Mal war Frank links, mal Andy. Ihre Bewegungen griffen perfekt ineinander und der Abstand zwischen ihnen wurde geringer und geringer.
Plötzlich erstrahlte die Durchfahrt der Bergwertung in einem gleißenden Licht. Die Zwillinge hatten das magische Tour-Tor geöffnet, hinter dem eine richtige Tortur auf sie wartete. Olav und seine Mitstreiter wollten noch bremsen, doch es war zu spät: sie fuhren mitten in das Licht hinein.

Olav hatte das Gefühl blind zu werden. Er wusste nicht mehr wo er war und wohin er fuhr. Mit einem Mal fühlte er sich schwerelos. Er und sein Fahrrad schwebten mitten im Nirgendwo.
„Li? Kim? Punyaa? Nobuhiko? Wo seid ihr?"
Eigentlich war er nicht sehr nah am Wasser gebaut, doch seitdem er sich bewusst geworden war, dass er ein Hauptcharakter mit rosafarbenen Haaren war, war seine Gefühlswelt komplett auf den Kopf gestellt worden. Tränen kullerten seine Wangen hinab und wurden zu Perlen, die in allen Farben des Regenbogens leuchteten.
„Hallo-hoo, Olav?" Das grüne Licht verdichtete sich und verwandelte sich in Punyaa. Olav schniefte und wischte sich über die tränennassen Augen.
„Olav?" Gelbes Licht wurde zu Nobuhiko, der ihn argwöhnisch anstarrte und die Arme verschränkte. „Wusste gar nicht, dass du so eine weinerliche Pussy bist. *Kimochi warui!*"[11]

11 Ekelhaft

Olav schürzte die Lippen. „Bin ich gar nicht. Ich bin hier der Held und werde verhindern, dass die bösen Zwillinge uns die Tour vermiesen!“

Blaues Licht verdichtete sich und Li erschien. „Was sagst du, Olav? Können wir gleich Vollgas geben?“

Schließlich erschien auch Kim in rotem Licht. „Olav?“

Langsam schwebten sie zum Boden zurück. Max wartete bereits auf sie und deutete auf das Bergtor, welches all seine Farbe verloren hatte und nun grau gepunktet war. „Hinter diesem Tor beginnt die wohl schwerste Etappe, die ihr je gefahren seid. Seid ihr bereit, Männer?“

Wieder Musik wie aus einem Militärfilm. „Ich will, dass ihr da rausgeht und nicht nur um eure Haare kämpft! Ihr kämpft für die ganze Welt. Seid ihr bereit?“

„JA!“, riefen alle Fünf inbrünstig.

„Na dann“, fuhr Max, der Mater, halb Mensch und halb Kater, fort, „wird Olav jetzt einen nach dem anderen von euch küssen und damit eure Zauberkraft erwecken!“

Olav wurde mit einem Mal steif wie ein Brett. „K-küssen?“ Sein Gesicht wurde so rot wie eine Tomate. Rauchschwaden stießen aus seinen Ohren.

Doch Punyaa, der sehr aufgeweckt und aufgeschlossen war, fackelte nicht lange und schlang seine Arme um ihn. „Das tut ganz sicher nicht weh, also schließ die Augen und küss mich, Olav!“

Olavs Herz schlug ihm bis in den Hals. *Punyaa war so süß, so weich, aber ihn hier und jetzt küssen?* Er konnte es nicht.

„Denk immer daran, Olav, DU bist der Auserwählte. Also

los, jetzt wird geknutscht!" Wieder ließ Max seine spitzen Eckzähne aufblitzen.
Olav seufzte, beugte sich leicht nach vorne und hauchte Punyaa einen flüchtigen Kuss auf die Lippen.
Plötzlich fing dieser an zu leuchten. „Wow, ich bin voller Energie, danke Olav!"
Nobuhiko zischte entnervt. „Zur Seite, ich bin dran!" Er war ebenfalls steif wie ein Brett und sein Kuss fühlte sich eher wie eine lästige Aufgabe im Spiel Wahrheit oder Pflicht an.
Als er ebenfalls zu leuchten begann, stieß ihn Li zu Seite und versenkte seine Zunge in Olavs Mund. „Und? Das war gut, nicht wahr?" Blaues Licht stieg aus ihm auf.
Schließlich näherte sich Kim, nahm seinen Kopf in die Hände und gab ihm einen sanften, aber intensiven Kuss. „Vielen Dank, Olav!" Er zwinkerte und trat zurück.
Nun leuchteten sie alle und waren bereit für die Verwandlung, nur nicht … „Ach Mist, ganz vergessen, ich muss dich ja küssen, damit du auch aktiviert wirst!" Max sprang in seine Handflächen, stellte sich auf die Zehenspitzen und biss Olav leicht in die Unterlippe.
Erschrocken wich Olav zurück, denn der Kater hatte einen fischigen Geschmack auf den Lippen. Doch dann begann auch er sich zu verändern. „Wow! Was ist das nur für eine Kraft? Ich bin…" Sein Blick wurde fest und er nahm eine dynamische Pose ein. „Magical Mechanical Drive, aktivieren!"
Auch die anderen Vier nahmen ihre Pose ein. Rot, Gelb, Grün, Blau und Lila. Der Regenbogen hatte zu leuchten begonnen.

Im nächsten Augenblick schwebten sie alle nackt, aber mit Glitzerfilter über dem besten Stück, in einem Regenbogen durch die Luft. Es klirrte und plingte, als ihnen nicht nur ein Overall in ihren Farben an den Leib gezaubert wurde, sondern auch Tierohren und Tierschwänze aus ihnen wuchsen.

Schließlich verschwand das Licht und sie saßen wieder auf ihren Fahrrädern, bereit das Rennen ab der Bergwertung fortzusetzen.

„Oh wie süß, Olav, du bist ja ein Bär!"

Irritiert sah Olav zu Punyaa, dem Affenohren und ein Affenschwanz gewachsen waren. „Was? Wie? Ein Bär?" Er tastete nach seiner Brust und stellte erleichtert fest, dass ihm keine dicken Brusthaare gewachsen waren. Sein Schwanzpuschel zuckte und auch seine Fellohren waren ganz überrascht über seine körperliche Veränderung.

Kim schnurrte zufrieden. Er hatte Katzenohren und einen Katzenschwanz bekommen.

Li hingegen hatte die Elemente eines Mopses angenommen und knurrte Kim gereizt an, worauf dieser seinen Schwanz aufstellte und zurückfauchte.

Lediglich Nobuhiko hatte die Ruhe weg. Weil er Japaner war und sich das nunmal so gehörte, war er zu einem Tanuki geworden.

Angesichts seines Aussehens fiel Olav wieder dieser eine Film ein, in dem die Marderhunde ihre Geschlechtsteile offen präsentierten und er war ganz froh, dass Nobuhiko wie alle anderen einen Overall trug und kein überdimensioniertes Gemächt vor dem Fahrradsattel baumeln hatte.

Frank rümpfte die Nase. „Irgendwie stinkt es hier nach wil-

den Tieren." Auch er hatte sich verändert und trug seine Engelsflügel nun auf dem Rücken.
Andy lachte und schlug ein paar Mal kräftig mit seinen Dämonenschwingen. „So ist das eben, wenn Tiere Sekrete aus ihrer Angstdrüse absondern!" Er leckte sich über die Lippen. „Seht nur, die Startbahn wird gleich freigegeben! Zeit für ein Duell!"
Vor ihnen erschien eine schwebende Ampel. Alle starrten gebannt darauf und warteten auf den Countdown. Die Ampel tutete zweimal kurz, schaltete von Rot auf Orange und beim dritten, langen Tuten auf Grün. Damit war das Rennen um den Etappensieg eröffnet.
Diskomusik ertönte, als sie über die Linie fuhren. Die Strecke, die bis eben noch aus einer schlecht asphaltierten Bergstraße bestand, verwandelte sich in gleißendes Regenbogenlicht. Olav traute seinen Augen kaum, als plötzlich die Seitenlinien verschwanden und ein schwarzer, unendlicher Abhang neben der Strecke erschien.
Nobuhiko brüllte heroisch und preschte voran: „ROLLING THUNDER!!" Sein Rennrad gab ein lautes Knallen von sich und Blitze zuckten in alle Richtungen.
Erschrocken wich Punyaa zur Seite aus und war nahe daran, in den Abgrund zu stürzen, doch Kim rief nur „HEARTS ON FIRE!!" und erschuf eine Art Bande aus brennenden Herzen um die Strecke herum.
Die Zwillinge bildeten eine Tandem-Formation, welche Frank mit dem Spruch „ANGELIC LAYER!!" einläutete. Li jagte ihnen hinterher und rief immer wieder „ICE, ICE, BABY!", worauf er ihnen Eisspeere in den Weg schleuderte. Olav schwirrte der Kopf und er kam nur schwer hinterher,

doch Punyaa zögerte nicht und stärkte ihn, indem er ihm mit dem Spruch „FLOWER POWER!!" und einem Handkuss neue Energie zukommen ließ.
Andy und Frank meisterten die Haarnadelkurve mit Bravur und tänzelten anschließend eine Sprungschanze hinauf. Kurz vor dem Absprung ergriff Andy Franks Hand und rief „THE HUMAN FRANDYPEDE!!", worauf eine Druckwelle ihre fünf Gegner hinter sich stürzen ließ. In der Luft vollzogen sie mehrere Drehungen, wurden zu einem Wirbelsturm und fusionierten schließlich zu einer Person, die im Schachbrettmuster gekleidet war.

Schwerfällig rappelte sich Olav wieder auf. Die Diskomusik wurde immer schneller und zeigte somit unmissverständlich an, dass jemand schon bald das Ziel erreichen würde. Sein Overall war zerrissen und seine Schläfe blutete. Auch den anderen ging es nicht gut.
Olav holte tief Luft. „Jungs, ich muss etwas loswerden. Als Hauptcharakter ist jetzt der Moment gekommen, in dem ich eine große Rede schwingen muss, also hört gut zu!"
Nobuhiko stützte Punyaa, Li stützte Kim. Gebannt starrten sie auf Olav, der die Hände vor der Brust zusammengefaltet hatte und erneut glitzernde Tränen in den Augenwinkeln hatte. „Ich weiß, das will keiner von euch hören, aber … ich liebe euch alle! Ihr seid alle so unterschiedlich. Jeder von euch hat so viele liebenswerte Seiten an sich, dass es Tage dauern würde, sie alle aufzuzählen!"
Punyaa und Kim begannen vor Ergriffenheit ebenfalls zu weinen. Nobuhiko kämpfte mit sich, doch Li behielt wie immer sein Pokerface.

„Ich liebe euch alle. Und ich will jeden von euch am liebsten jeden Tag küssen und fi-, äh, lassen wir das! Jedenfalls ist jetzt noch nicht alle Tage Abend und wir werden noch viele Aufs und Abs bei dieser Tour haben. Also lasst uns nun wieder auf unsere Rennräder steigen und gemeinsam den Fix-Komprimator starten!"

Mit vereinten Kräften traten sie in die Pedale. Sie fuhren hintereinander und rotierten abwechselnd an der Spitze, um nicht zu viel Energie zu verbrauchen. Die Zwillinge, die nun fusioniert waren, hatten das Feld inzwischen mit zahlreichen Fallen gespickt und sie mussten Schlangenlinien fahren, um diese nicht auszulösen.

Der Weg zur Spitze war weit, doch da sie zu fünft waren, hatten sie ihren mächtigen Gegner schnell eingeholt. Olavs Tempomesser zeigte aber noch immer nicht die richtige Geschwindigkeit an. „Großer Gott", rief er, „ist denn das zu glauben, dass uns die nötige Power fehlt?"

Das Mischwesen lachte, leckte sich über die Lippen und sagte: „Schleck, schleck, schleck! Gleich wird aufgetischt! Dem Sieger gehört nicht nur diese Tour, sondern die ganze Welt!"

Olav biss sich auf die Lippe und wandte sich mit der Zuversicht eines Helden an seine Mitstreiter. „Ich weiß, das wird wehtun, aber bitte sprintet so, wie ihr es tun würdet, wenn ihr nur noch 500 Meter vor dem Ziel seid. Wenn wir als Team fahren, werden wir niemals die nötige Kraft für den Fix-Komprimator zusammenbringen."

Nobuhiko schnalzte mit der Zunge. „Du gibst mir also die Erlaubnis, dich in einem Sprint zu schlagen?"

Li grinste diabolisch. „Wohl eher mir!"

Kim kicherte leise. „Das bezweifle ich. Der Schnellste bin immer noch ich!“

„Hallo-hoo? Bloß weil ich der Kleinste bin, heißt das nicht, dass ich euch nicht schlagen kann!“ Punyaa blies entrüstet die Backen auf.

„Würde mal jemand die Güte haben, sich auch um den coolen Gegner zu kümmern?“ Das Mischwesen, das weder Frank, noch Andy, und doch beides war, spie aus und schaltete einen Gang nach oben. Schwarzer und weißer Donner grollte. „Was wollt ihr jetzt machen? Uns mit dem Regenbogenorkan pulverisieren?“

Doch Olav ließ sich nicht aus dem Konzept bringen. „Jungs? Es wird ernst! Zeit für den MAGICAL MECHANICAL DRIVE!“

In der nächsten Sekunde begann auch schon das wahnsinnigste Sprintduell, das die Welt je gesehen hatte. Mit aller Kraft kämpften der Affe, der Hund, die Katze, der Marderhund und der Bär darum, die Führung zu erlangen. Sie traten in die Pedale, bis die Funken flogen, rammten sich dabei rücksichtslos, lachten, keuchten und brüllten.

Hinter Olavs Rad hatte sich eine Sandwolke gebildet, Li hinterließ eine Eisspur und Kim eine Feuerspur. Punyaa entfachte einen Blütenorkan und in Nobuhikos Speichen zuckten grelle Blitze.

„Das kann doch nicht sein, dass sie uns einholen, schleck! Wenn wir verlieren, wird der Boss uns zu Gemüsesuppe verarbeiten, schleck!“ Das Mischwesen trat ebenfalls wie geistesgestört in die Pedale, doch es war zu spät: die Tempoanzeige hatte 65 Stundenkilometer erreicht. „Lasst uns jetzt BIKETRON formen!“

Die Fahrräder zerfielen in ihre Einzelteile. In einer gigantischen Regenbogenwolke erschien ein Roboter, in dessen Körperteilen Olav und seine Mitstreiter saßen. Jeder seiner Schritte ließ die Regenbogenstrecke erzittern.
Vor lauter Schreck spalteten sich Andy und Frank wieder auf. Sie konnten das Ziel schon sehen, doch sie wussten, dass sie verloren hatten.
Olav legte all seine Kraft in die finale Attacke und rief „BIKETRON, es ist Zeit für das Jüngste Gericht, den CHRISTOPHER STREET DAY!!“
Andy und Frank sahen ihrem Ende entgegen. Die Regenbogenwelle riss sie mit. Im nächsten Moment zerbrach ihr Zauber und die Regenbogenstrecke verschwand.
Olav und seine vier Mitstreiter waren wieder zurück auf der Rennstrecke und radelten unter tosendem Applaus über die Ziellinie.
Olav wusste nicht, ob es ein Traum, oder nicht doch die Realität war. Doch was er sicher wusste, war eins:
Er liebte jeden der vier, ob dieser nun Nobuhiko, oder Kim, oder Li, oder Punyaa hieß. Und es stimmte ihn wehmütig, dass er sich schon bald für einen Weg entscheiden musste, der ihn von den anderen dreien entfernen würde.

Hoch in den Bergen, in einer majestätischen Burg, die den Namen Trumpeltier Castle hatte und an deren höchstem Fahnenmast die US-amerikanische Flagge im Wind knatterte, leerte jemand eine Flasche Fretz Coke. Im nächsten Moment wurde diese auch schon entnervt gegen die Wand geworfen und zerbarst dabei in tausend Stücke. „Meine armen Zwillinge! Jetzt darf ich wieder neue Möhrensamen säen und es dauert ewig, bis aus diesen kleine Andys und Franks wachsen. Verflucht seist du!“

Ein Lichtstreif offenbarte ein braun gebranntes Gesicht mit blondem Haar, das zu einer höllischen Fratze verzogen war. „Das ist wirklich NOT AMAZING!“ Der rot gepunktete weiße Umhang flatterte theatralisch, obwohl die hohen Fenster von Trumpeltier Castle erst kürzlich neu isoliert wurden und kein Lüftchen mehr hindurchpfiff.

Der Surfertyp ballte die Faust und blickte zu seiner Dartscheibe, auf der ein Foto von Olav hing, das von zahlreichen Pfeilen durchlöchert worden war. „Na warte, das nächste Mal kriege ich dich, muhahahaa!!“

Donnergrollen. Ein mächtiger Blitz zuckte und schlug direkt in den Fahnenmast ein. Im nächsten Moment ging das Licht in der Burg aus.

Das Lachen verstummte. „Reto? Wo bist du?“ Die Stimme klang plötzlich ganz weinerlich. „Mann, es ist ganz dunkel und ich weiß doch nicht wo der Sicherungskasten ist! Reto? RETO?!“

Nachwort von Anne Atsusa

Vielen Dank, dass du ASS! of BIKE gekauft hast!
Seit der Erstveröffentlichung dieses Buches als Independent-Werk auf der AnimagiC 2017 ist nicht einmal so viel Zeit vergangen und trotzdem so viel passiert! Mit diesem Buch haltet ihr die von CatMint verlegte Version in den Händen, die jetzt sogar in Comicläden in Österreich erhältlich ist.
Ich bin noch immer ganz überrascht darüber, dass die Schnapsidee, die ich Ende 2016 nach zu viel Yowamushi Pedal und Yuri!! On ICE auf der Toilette hatte (dort entstehen immer die besten Geschichten!), so gut ankommt. Die Handlung mag zwar nicht so ernst zu nehmen sein, doch steckt in diesem Werk tatsächlich monatelange Recherche über die Tour de France und die Gepflogenheiten des Radsports.
Trotzdem lassen sich Logikfehler nicht gänzlich vermeiden, da ich weder ein Mann, noch ein Radrennfahrer bin und mir daher das meiste allein in meinem Kämmerchen ausmalen muss. Auch entstand der Großteil dieses Werkes bevor die maßgebende Tour de France 2017 überhaupt stattfand. Reale Ereignisse und das Wetter stimmen demnach nicht mit der Handlung überein und sind im besten Fall Zufall.

Während ich bei ASS! of BIKE die Texte schreibe und setze, illustriert Rhyfu alles nach meinen konfusen Skizzen und Stockphoto-Collagen. Du hast meinen Jungs mit deinen coolen Zeichnungen eine Seele gegeben, danke!

Vielen Dank zudem an CatMint für die Chance ASS! of BIKE auch über die deutsche Grenze hinweg zu veröffentlichen, meiner mich immer unterstützenden Mama, sowie den Majin Briefs für all die wundervollen und verrückten Jahre.

Anne Atsusa

Nachwort von Rhyfu

Liebe Leser, vielen Dank für eure Unterstützung!
WOW! ASS! of BIKE als Verlagswerk. Das ist etwas, das ich persönlich niemals erwartet hätte! Mit dem Independent-Release des ersten Bandes auf der Animagic 2017 habe ich selbst zum allerersten Mal einen Künstlertisch betrieben und war aus vierlerlei Gründen unglaublich aufgeregt.
Dies war mein erstes großes Projekt, an dem ich neben meinem eigenen Kurzmanga gearbeitet habe, und ich bereue es nicht, damals Annes Ruf nach einem Künstler gefolgt zu sein. Ich bin immer noch ganz baff, wieviel doch in einem Jahr passiert ist!!!
Ich bin überglücklich darüber, in welche Richtung sich dieses Projekt bewegt und dass es so vielen Leuten gefällt. Es war sehr interessant einmal die Ideen eines anderen weiterzuentwickeln und grafisch umzusetzen, anstatt vollständig alles von selbst zu erschaffen. Annes kleine Coverskizzen und Stockphoto-Collagen sind immer wieder hilfreich und teilweise auch sehr lustig zu betrachten.
Mit ASS! of BIKE bin ich in eine zeichnerische Hölle mit anatomisch unterschiedlichen Ärschen, Fahrrädern und Gruppen-Action-Shots gerutscht, aber mit Unterstüzung von allen Seiten macht jedes Bild Spaß.

In diesem Sinne bedanke ich mich vielmals bei Arthur und Chesh für nicht nur emotionale, sondern teilweise auch zeichnerische Unterstüzung, wann immer die Perspektive dann doch etwas seltsam verrutscht ist, bei meiner Mutter, die jedes Mal gespannt auf den letzten Con-Bericht wartet.

Und Danke natürlich an mein eifrigstes Helferchen: meiner Katze Mia, die immer dabei ist und jede neue Kiste ordentlich begutachtet. Sie ist die beste Qualitätskontrolle, die man sich wünschen kann.

Rhyfu

Olav Olsen *(Viking Spades)*

Alter: 21
Geburtstag: 10. Januar (Steinbock)
Blutgruppe: 0

Fahrertyp: Allrounder
Größe: 1,80 m
Gewicht: 83 kg

Nach seinem schweren Unfall im letzten Jahr muss sich der dänische Radsport-Star Olav erst einmal wieder zurück ins Rampenlicht kämpfen. Das ist aber gar nicht mal so einfach, wenn man furchtbar schüchtern ist und ruhige Ausfahrten hektischen Partys vorzieht.

Kim Lutz-Park *(Helvetia Hearts)*

Alter: 23
Geburtstag: 15. Juni (Zwillinge)
Blutgruppe: B

Fahrertyp: Allrounder
Größe: 1,83 m
Gewicht: 73 kg

Der amtierende Mister Thurgau war vor einem Jahr noch bei den koreanischen *South Leaves* unter Vertrag. Er ist bei den Fans vor allem wegen seines Aussehens beliebt und ziemlich eitel. Privat lebt er zurückgezogen in der Schweiz und hat eine Modelleisenbahn.

Peng Li *(Diamond Dragons)*

Alter: 22
Geburtstag: 20. Februar (Fische)
Blutgruppe: A

Fahrertyp: Sprinter
Größe: 1,91 m
Gewicht: 79 kg

Der stoische chinesische Pharmazie-Student wird bei Massensprints zu einem unschlagbaren Berserker. Er liebt deutsche Literatur. Sogar seine beiden Mopsrüden sind nach Goethe und Schiller benannt.

An ihm ist alles groß – nicht nur seine Füße.

Punyaa Boonmee *(ShamroClovers)*

Alter: 19
Geburtstag: 31. August (Jungfrau)
Blutgruppe: 0

Fahrertyp: Sprinter
Größe: 1,69 m
Gewicht: 57 kg

Der thailändische Wirbelwind liebt es, im Mittelpunkt zu stehen. Seine Eltern haben einen Thai-Imbiss in Dublin, für den er schon früh Lieferungen auf dem Fahrrad austragen durfte. Außerhalb des Radsports ist er aber ziemlich weltfremd und hat zwei linke Hände.

Nobuhiko Honda *(Japanese Jokers)*

Alter: 21
Geburtstag: 27. November (Schütze)
Blutgruppe: AB

Fahrertyp: Sprinter
Größe: 1,75 m
Gewicht: 70 kg

Der cholerische Japaner ist ein Sprinter erster Güte. Früher war er ein Hikkikomori, der durch den Radsport-Anime *Nakimushi Gear-Shifter* auf seinen Beruf kam. Er hat eine große Klappe, ist aber eigentlich total verklemmt. Wird von seinen Fans *Nobu-tan* genannt.